人物叢書

新装版

吉《よし》田《だ》東《とう》洋《よう》

平尾道雄

日本歴史学会編集

吉川弘文館

吉田東洋肖像
（高知市立市民図書館蔵）

文久元年（1861）1月29日　江戸鍛冶橋
藩邸において撮影したものである

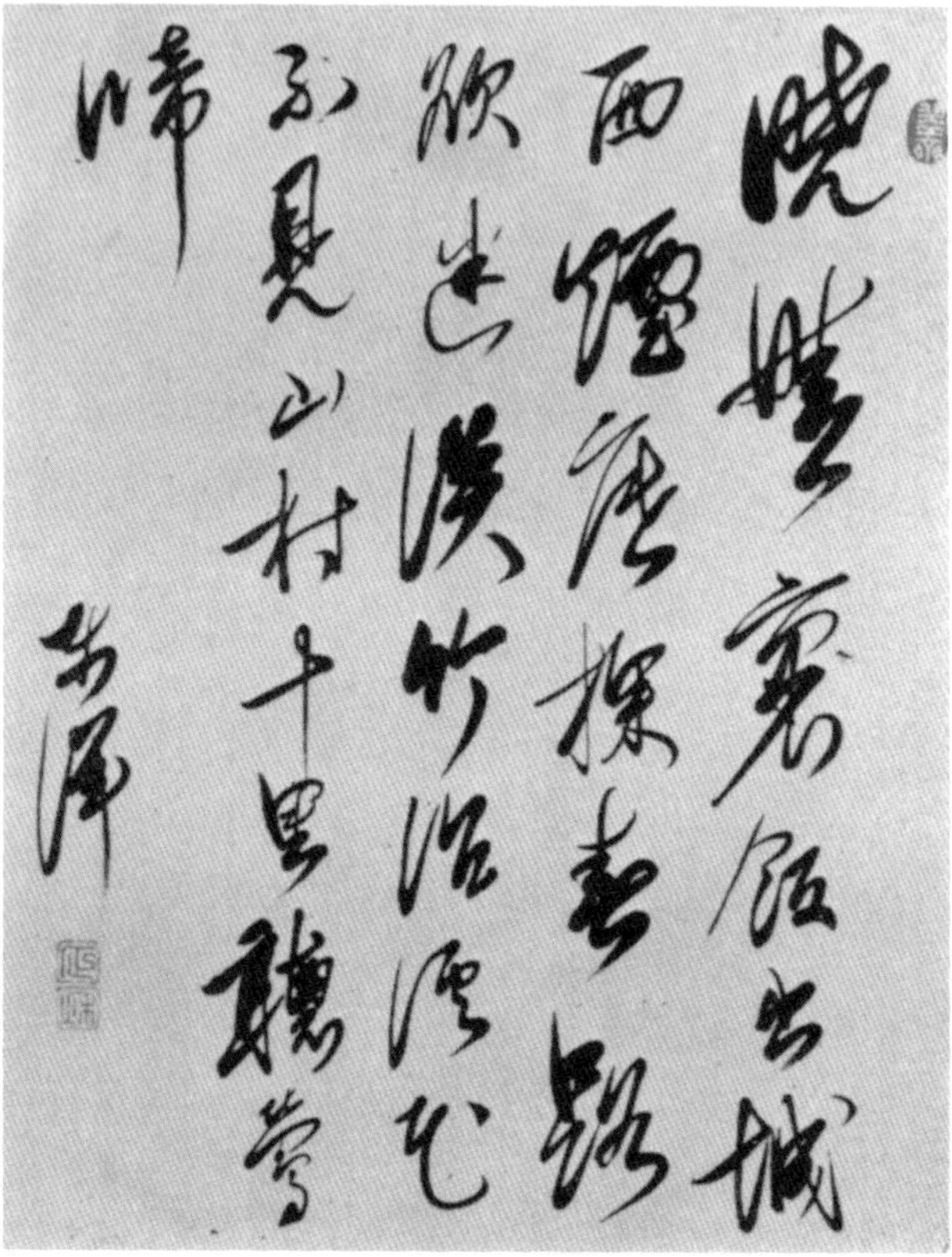

吉田東洋筆蹟
（高知城懐徳館蔵）

暁晴裹《つつんで》飯《を》出《づ》城西《に》。
煙底探《さぐって》春路欲《す》迷《わんと》。
淡竹隠《して》溪《を》花不《ず》見《え》。
山村十里聴《く》鶯啼《を》。
東　洋

はしがき

　土佐(高知県)は薩摩(鹿児島県)・長州(山口県)とともに勤皇三藩とよばれ、明治維新史に重要な役割をはたしている。しかもその討幕運動への参加は薩・長に追随したものであるが、山内容堂《ようどう》(豊信)の名によってなされた徳川将軍家に対する政権奉還建白は土佐藩独自の立場をあきらかにしたもので、重臣後藤象二郎ら四名連署の副書は立憲政治や議会制度を提唱し、来るべき新政体の理想を示している。これは近代明治史における自由民権運動のスタートであって、土佐派の本領とするところであった。革新的な、この土佐派のために時代のとびらを開いたのが吉田東洋だったのである。

　吉田東洋は地方政治家として生き、地方政治家として死んだ。しかも幕末の立役者山内容堂からは師父としての尊信をうけ、その門下からは後藤象二郎・福岡孝弟《たかちか》・岩崎弥太郎など多彩な人材を明治の政界や財界に送り出した。またその進歩的な政策は山内容堂や門下の人々によって継承され、具現されて、維新の土佐藩に躍進の機運をつくった。地方政治家として東洋のうけもった役割は、当時の日本に強くむすばれたものであることを見落してはなるまい。

天保改革以降、崩れゆく徳川封建制の渦中にあって地方政権の要路にたち、革新政治家として時代を先駆しながら守旧派からは憎悪《ぞうお》せられ、また急進派からはその保守因循《いんじゅん》を責められなければならない東洋の立場だった。尊皇論と佐幕論とをめぐる国内事情、攘夷論と開港論の対立する国際問題の渦巻くさなかにたつ政権担当者の苦悶《くもん》はどんなものであったか。憎悪と白眼との中にあって主義・主張をすてず、ついに非命にたおれた東洋の最期は時代の犠牲ともいえるだろうし、先覚者の宿命ともいえるだろう。私は東洋の生涯を明治維新が創作した一篇のドラマだと考えている。

昭和三十四年三月

平尾道雄

目次

口絵

挿図

第一　吉田東洋とその家譜

対立する上士と下士

近世土佐藩では、上士《じょうし》と下士《かし》とが対立的な形ではっきり区別されている。上士は士格《しかく》、また通俗には「おさむらい」とよばれて高知の郭中《かくちゅう》に住居をもつ山内家の家中《かちゅう》武士で、下士は軽格《けいかく》とも称し徒士《かち》、用人または郷士《ごうし》の類である。特に郷士はその数も多く、在地武士として地方に散居し、土佐の旧国主長宗我部《ちょうそかべ》氏の一領具足《ぐそく》(農兵の一種)を祖先とすることが成立当初の条件とされた。この対立が、幕末維新期において階級闘争の形をとって発展するのだが、この条件のもとで吉田東洋の家系は微妙な位置におかれているのである。

吉田家の系譜

吉田氏の遠祖は藤原秀郷《ひでさと》と伝えられる。その後裔首藤助清《すとうすけきよ》の孫義通《よしみち》の時、相模の国(神奈川県)山内荘を領して山内氏を称し、義通の子に経俊《つねとし》・俊綱《としつな》があり、俊綱にも俊氏・俊宗の二子があった。その領地にちなんで俊氏は山内、俊宗は吉田を称し、山内氏の家紋は白一文字・黒一文字、吉田氏のそれは三引両《みつびきりょう》だった。吉田俊宗の子孫に武蔵の国川越(川越市)を領するものがあり、それが土佐に移って長岡郡岡豊《おこう》山のふもとに住んだ。吉田村というのがその領地である。

戦国時代の吉田一族

戦国の頃岡豊城主長宗我部氏の幕下に吉田備前守則弘《のりひろ》と称するものがあり、長子は土佐郡井口の城主備中守周孝《ちかたか》、次子は安芸郡夜須《やす》の城主備後守重俊で、一族武門のほまれが高かった。次子重俊の子伊賀介《すけ》重康は安芸《あき》郡馬《うま》ノ上《うえ》城主になり、重康の子市左衛門政重は豊後(大分県)の戸次《へつぎ》川にも出陣しているし、朝鮮の役では敵将朴好仁《ぼくこうじん》を捕え、また虎退治をやるなど、数々の武勇伝を残している。関ヶ原の戦、大坂冬・夏の両陣にも長宗我部盛親に従って忠勤をはげんだが、大坂落城後はひそかに土佐に帰って安芸郡田野に世を忍んでいた。

長宗我部氏没落と一族の進退

関ヶ原の役後、山内一豊が土佐の国主に封ぜられたとき、長宗我部氏の重臣はほとんど土佐を去って他国の大名に仕えた。吉田の一族でも備中守周孝の跡は次郎左衛門貞重が嗣ぎ、その長子弥右衛門重親は生駒正俊に、次子孫太夫は藤堂高《とうどうたか》虎《とら》に、三子弥右衛門は堀田正盛に仕えている。田野に隠退した市左衛門政重は山内家の勧誘をことわって一生を野に送ったが、その実弟市右衛門正義は勧められるままに山内家に仕えた。吉田氏も山内氏もその祖はおなじく首藤山内氏である。

新国主山内氏と吉田氏

このことは新国主山内氏から離反した旧国主長宗我部氏家臣群のうちで、吉田氏を山内氏にむすびつけた微妙な関係ではなかったか。後日郷士として登用された一領具足群と異なった立場で、市右衛門正義が上士としての地位をあたえられたことは極めてまれな例だった。寛永三年(一六二六)十二月二十三日正義歿後、長子宇右衛門正次がその家督を嗣ぎ、二男五郎助正幸は正保元年(一六四四)二月十三日別家して歩行役《かちやく》にとりたてられた。これが東洋の家祖である。東洋の家譜はこの以後数代を欠き、『天明分限帳』に市左衛門正幸が知行二百石(内五十石蔵米《くらまい》)の馬廻《うままわり》であったことをあげているに過ぎない。

吉田東洋の誕生

吉田正幸には嗣子がなかったので百々《どど》氏から光四郎正清をむかえ相続させた。東洋は正清の子として文化十三年（一八一六）城下帯屋町に生まれた。母は正幸の娘で名は鉋代《かなよ》、東洋は四男だったが、三人の兄はみな早世したので文政六年（一八二三）八歳のとき藩主山内豊資に謁見、正幸の嗣子として認められたのである。幼名は郁《いく》助《すけ》、のち元服して官兵衛と改め、正秋の実名をあたえられた。

文武の修業

東洋の少年時代については、「僕、幼より撃剣・走馬を喜ぶ」と自序している程度で、その行実《ぎょうじつ》をあきらかにすることはできない。修学については、「間〻《まま》また書史を渉猟《しょうりょう》し、古今の人情・事物の変を講究してこれを試みんと欲す」と叙べているので、かれが経世《けいせい》の学を志していたことが知られるだろう。東洋の師事《しじ》したのは剣術では一刀流指南役吉田忠次、文学は藩の儒官中村十次郎であった。東洋の文稿《ぶんこう》のうちに、「西里中村先生江都《ごうと》（江戸）にゆくを送る序」一篇がある。当時学風おとろえ師道すたれたのをなげき、「今日衰《すい》を興《おこ》し弊《へい》を刷《は》くの任、先生にあらずして誰に属せんや」と書いているのは、単に師に対する儀礼的な文辞とみるべきであろうか。師弟関係を批評したものに、「後には古き書籍は師の十次郎よく読み、新書は師より元吉が読み勝《まさ》れりと風言せり」と書いたものがあり、またある人が東洋の学問の巧拙を中村十次郎にたずねると、「吉田が来て、いろいろ能く教えてくれる」とさりげなく答えた。東洋のたくましい学力の進歩がわかると同時に、師弟がたがいに尊敬し信頼した情が想見されるのである。

東洋の読書

短慮、若党を斬る

東洋は短気な性格だったらしい。天保八年(一八三七)二月のことだった。二十二歳の血気にまかせて若党を殺したことがある。投網のことが原因で口論がはじまったが、若党も主人におとらぬ短気ものだったと見え、いきなり主人につかみかかった。東洋も怒りにもえてこれに一刀をあびせた。意外な深手で若党は悲鳴をあげながら逃げだし、門外の溝端に倒れたのを東洋は追いかけて留めを刺《さ》した。これは主人に抵抗したために「無礼討ち」だという理由で表向きの沙汰はなかったが、東洋もさすがに精神的な衝動《しょうどう》はうけたらしい。その後謹慎して戸外にも出ず、いっそう読書にふけったと伝えられる。同族の吉田楠蔵（正準）は、「この一条は官兵衛手の詰《つ》みしことにて、爾来《じらい》の短慮にてなし」と評したそうだが、一旦抜刀すればかならず相手を仕留めるのが武士の作法だった。この作法を忘れなかった東洋のふるまいに満足したのである。それにしても、この過失が東洋の任官を数年おくらせたものとも考えられるが、天保十二年（一八四一）には父光四郎正清が世を去り、東洋は二百石の家督を相続、一家の当主として内外ともに責任ある地位におかれた。

父の死と家督相続

第二　天保の藩政改革

一　土佐藩の政情

天保改革の発端

二百余年にわたって維持された徳川封建制を強化しようと試みたのが天保改革だといわれている。文化・文政期の太平は著しく士民の生活を向上させた。生産と平行しない生活費のふくれあがりが、天保期に入って相次ぐ農作の不況と生活の不安に直面し、各方面に窮民の騒擾《そうじょう》を誘発した。天保八年（一八三七）二月には大塩平八郎が大坂で乱を起し、それが世論にあたえた影響もすくなくなかったのである。四月には将軍家斉《いえなり》が隠居して嗣子家慶《いえよし》に家督を譲り人心の転換をはかったが、世の風俗は容易に改まらず、天保十二年（一八四一）五月には大老井伊直亮《なおすけ》が退いて、老中水野忠邦の財政緊縮論による政治改革が発令された。いわゆる天保改革とよばれるもので、土佐藩も当然このような世態の例外ではあり得なかった。

山内豊資と藩情

藩主山内豊資は文化・文政・天保期を通じて三十余年その地位をしめ、宴楽や遊猟に無事をたのしんだ人で、時人に「太平の君主」と批評された。したがって補佐の臣もその人を得ず、藩財政も士民の生活も次第に窮乏に傾いていったのである。そのために天保十年(一八三九)八月には家中諸士に倹約を令し、出米《でまい》免除や借財返済猶予の策を講じて救済をはかったが、効果をあげることは容易でなかった。儒家宮地貞枝は意見書を提出して士民の無反省を指摘し、また「出米御免仰せつけられ候に付、二万四千石計りの御所務《ごしょむ》減《べ》りに相成り、大坂表御借滞銀《しゃくたいぎん》四千六百目計りこれあり」と藩財政の実態を暴露して、これを改革するためには為政者《いせいしゃ》に非常の英断がなければならないことを進言した。上司は無学無能で政権は下に移り、下吏は賄賂《わいろ》をよろこび、富商・豪農は役人とむすんで私利をいとなむものが

高知城の天守閣と追手門

多く、世道人心は全く地におちた観がある。このために藩主豊資もついに天保十二年(一八四一)九月政治改革を宣言し、その推進のためにみずから陣頭指揮にあたることを声明したのである。

豊資の隠退と豊凞の相続

それにもかかわらず、声明書のうちに「素《もと》よりわれら無学文盲、そのうえ病身に候へば行届かざる儀も多かるべく」と告白するほどに、この改革強行に自信がなかった。当路の役人は和を欠き、民心は次第に離反し、庄屋たちの間には秘密盟約が結ばれて、家中武士に対立する気運が動いていた。翌十三年(一八四二)七月には吾《あ》川《かわ》郡名野川の郷民三百余人が隣領伊予へ逃散《ちょうさん》する事件がおこった。この事件は松山藩の好意的協力によって無事におさめることができたが、しかも藩政の不始末を天下にさらけ出したとの批判はまぬがれまい。十二月になって豊資は病気隠退の決意をあきらかにし、翌十四年(一八四三)三月七日幕府の許可を得、同時に嗣子豊凞《とよてる》(対島守)に藩主の座を譲った。この隠退は幕府筋の勧告によったものだとも伝えられている。

二　山内豊熈の新政

豊熈の人物

豊熈《とよてる》はどんな人物であったか。宇和島藩主伊達宗城《むねなり》は水戸斉昭の質問にこたえて、「文学の志厚く御座候えども病身故心底《しんてい》に任せず、温和の生質」と見立て、「私共の益友」とも推している。夫人は薩摩藩主島津斉興《なりおき》の女で祝《とき》とよばれ、賢婦のほまれが高かった。豊熈は福島誠一郎に師事《しじ》して兵学をまなび、山口管山や佐藤一斎をまねいて儒学を修め、藩政については世嗣《せいし》の時代から深い注意をはらっていた。天保九年(一八三八)五月から翌年二月までは政務見習いのために特に高知に滞在し国情を調査したほどで、家督相続後は異常な熱意をもって藩政改革にのぞんだ。

豊熈の革新政策

新藩主として、豊熈がはじめて高知に入城したのは天保十四年(一八四三)六月二十

人材登用に苦心す

一日であった。倹約令の実践、文武奨励と士風の作興、行政整理などがその第一著手としてとりあげられたが、これを推進するためにはまず人材を得なければならない。八月二日には奉行職(執政)四人を半減して二人とし、福岡宮内(孝茂)を近習家老として側近においた。以下つとめて冗員《じょういん》を省き政務の簡素化をはか《はぶ》ったが、人材の登用にはややもすれば隠居豊資の干渉があって豊凞を苦しめた。仕置役(参政)森勘左衛門(美材)はひそかにその材幹を期待して抜擢したのに、豊資はこれを排斥して自分の好む村田龍次(孝尊)と交迭《こうてつ》を強要《きょうよう》したのである。当時、豊凞が侍臣福岡宮内にあたえた密書に、「良臣を得て治をはかるは朝廷の為めなり。この志を果たさんとすれば父の意にさからわざるべからず。如何せんや」と苦しい立場を訴えた。しかも豊凞は父の意にそむくことができず、村田龍次を任用せねばならなかった。また仕置役の候補に麻田為平と久万忠之進の二人が推薦されたことがある。豊凞は二人を比較して、「為平は才弁縦横、俗流にあらず。しかもその論ずる所かならずしも行うべからざる如し。忠之進の才智は為平に及ばずといえどもなお用うるに足り、殊に忠直の質他に求むべからざるを見る。余は忠之進を採るべし」と判断した。それにもかかわらず、仕置役になったのは久万忠之進でもなく麻田為平でもなく、かつて豊資に重用された五藤《ごとう》恒次郎であった。豊凞の藩政改革は、その第一条件であるところの人材登用の線ではやくも困難に直面したものとみなければならない。

当時の藩庁で主要な地位をしめたものは、奉行職（執政）に五藤主計《かずえ》（正保）・山内下総（佐成）、仕置役（参政）に村田龍次（孝尊）・五藤恒次郎（正道）、大目付（大監察）に西野彦左衛門（友輔）・森克次（良貞）・渋谷権左衛門（篤輝）らがあったが、いずれも凡庸《ぼんよう》の材にすぎなかった。豊凞の志をたすけるに足るものは近習家老福岡宮内、近習目付小南五郎右衛門ぐらいの側近で、新進気鋭の士が政治圏外に逐われたのは、保守的な俗流の嫉視《しっし》と排斥によったので、これは「おこぜ組」の騒動ともよばれている。

三　「おこぜ組」の獄

「おこぜ組」には異学組の別称があった。石田梅岩《ばいがん》や手島道二（堵庵）によって提唱された心学で、大坂庶民の間に流行しやがて江戸にも普及し、士人の間にもこれに心酔するものがあった。土佐でも商家を主として軽格武士のうちにこれを講説し聴講するものがあったが、その中心人物と目されたのは馬淵《まぶち》嘉平（正成）である。

馬淵嘉平と異学の禁

嘉平は小性組とよばれる中級の武家で、かつては九州熊本に遊んで辻大膳に竹内流小具足組打の術をまなび、また江戸に出て辻官大夫や吉里呑敵斎《どんてきさい》に入門してその技をきわめ、武芸者として一家をなすに至ったが、江戸勤番中にふとした機会から日本橋の魚屋喜平、鎌倉河岸の妙中尼から心学講説を聞き、その熱心な信奉者になった。江戸幕府は士人が本来の儒学をすて、神儒仏の思想をまじえた心学にはしるのを好まず、文政十一年（一八二八）四月これを禁止したのである。江戸の士

嘉平登用せらる

佐藩邸でもこの禁令をうけ、六月には馬淵嘉平を禁令を犯したものとして土佐に追還した。爾来十余年間、嘉平にとって不遇な年月が流れたのである。

雌伏《しふく》十余年、天保十年（一八三九）正月になって嘉平は勘定方の当分加役に任命されたが、これは同学の士土橋弥五丞の紹介で弥五丞の主、家老職柴田織部（載勝）の推挙をうけたものらしい。財政緊縮が問題化していた時機で、当時の勘定方の使命は重かったし、嘉平の役位は低かったが、その才能に上下の期待がよせられた。同十四年（一八四三）九月かれが上呈した意見書十二箇条は自信のあふれたもので、その一節にはつぎのような辞句がある。

恐れながら当年初めての御入国、重き御書付御国中末々まで拝見仰付けられ、御中興の思召しあらせられ御国中末々まで恐悦唱え居り申し候。然るに只今の風俗、子供に至るまで理屈専らの世風に相成り、勢は甚だ乏しき方に相見え申し候。只今の様子にては益々人気小さかしく相成り、只御政事の穴をねらい、人の非をさぐり、誠にむつかしき人気にて御座候。故に先達て仰出され候御中興の思召中々一通りの御儀にてはこれなく、然れども一度仰出され候御儀に付、是非とも御趣意相立ち申さずては上の御徳義の御欠に相成り申す儀に付、相行われ申さずては相成らざる儀と存じ奉り候。

世相の腐敗や人気の険悪を直指して政治の困難を説き、しかも改革断行の必要を論じたもので、「何分此所にて真に御臍下《へそした》より今一際《ひときわ》うんと御憤発遊ばされ、上の御心持には余程強過ぎ候と思召され候位」の英断をもってのぞまねば中興の治はあがるまいと、激励のことばを呈している。改革要項数箇条をかかげ、その具体案はわずらわしいので認《したた》めないが、「もし御尋ねも仰出され候えば委曲《いきょく》申上ぐべく」と満々たる自信をみせた。しかも、この頃はすでに嘉平は「おこぜ組」の頭目として俗論派中傷《ちゅうしょう》の的《まと》となっていたのである。

おこぜ組のいわれ

おこぜというのは貝の一種で、これを懐中にいれて海に出れば海の幸《さち》に恵まれ、山におもむけば山の幸を獲《え》るという猟夫漁人《りょうふぎょじん》の俗説をとって、嘉平を中心とするグループを呼んだのである。このグループに参加しておれば自分の欲する官途につくことができるという意味を含めたものだ。

千五―六百人もある家中武士のうち、「おこぜ組」として指目《しもく》されたものは四十人乃至《ないし》五十人だったといわれるが、何がかれらをしてこのように結びつけたかが問題であった。世説によれば、馬淵嘉平の異学にひきつけられたものとされたが、豊凞はそれを信じなかった。あるときは「嘉平に悪説あるはひっきょう彼の才能他にすぐれたるに因るのみ。かれに悪説なからんか、これ凡夫にして用うるに足らず」と弁護し、あるときは「果してかれに不義の実あらば、これを非難するものなんぞ進んで一刀両断せざる。さすればはじめて下意上達、政道明らかなるべし。いたずらに嫉視《しっし》誣言《ふげん》してこれを一刀に両断するの勇なきものと、嘉平とならべてその罪はたしていずれにかある」とも侍臣に告げた。その信頼のほどが察せられるではないか。

豊凞の信頼と世論

豊凞のこのような信頼を裏ぎって、小目付千屋《ちや》衛守の調査の結果は、嘉平がしばしば衆目を避けて同志を集め、無外流別伝と称して禁制の異学を講説していたことが判明したのである。このことは豊凞を失望させ、かつ憤怒させた。侍臣にあたえた書には、「西洋にてはキリシタンという仏あり、これを信ずればたちまち世人の尊信を博《はく》すと聞く。嘉平もまたかくのごとき魔法を修したるか」と怪しんだことばもあるし、また「違法者は厳罰に処して仮借《かしやく》することなかれ。空なる慈恵はかえつて世道人心をあやまるべし」とも怒りをぶちまけている。天保十四年(一八四三)十一月十四日嘉平は投獄せられ、十八日には士分の待遇を除いて永牢《えいろう》の処分をうけ、これに連座して「おこぜ組」の裁判があった。

おこぜ組の断獄

医師田村玄真は嘉平の罪状に次ぐものとして士分《しぶん》待遇を除いて野根川以東へ追放、その兄田村玄尚は仁淀川限り禁足、寺村勝之進は隠居を命ぜられ城下四箇村禁足、葛目楠吉は閉門、森四郎は慎《つつしみ》、板坂馬左衛門・大庭恒五郎・横田四郎八・岡田武之進・三木孫八郎・横田源作・本山団蔵は遠慮を命ぜられた。家老柴田織部は嘉平の後援者と認められ、知行二千五百石余のうち五百石を除かれて隠居、その家来土橋弥五丞は同家で禁錮《きんこ》せられ、家老深尾弘人《ひろと》（顕蕃）も執政として人選をあやまった責任を問われ、知行五千石のうちから五百石を削られた。平井善之丞は知行二十石の没収、長屋六左衛門・渋谷権右衛門・柴田茂之助は監察不行届の責めによって遠慮の処分をうけている。馬淵嘉平は田村玄真・同玄尚とともにその罰が軽きに失すると論ずるものもあって、斬首獄門の案も出たが阻止せられ、在獄九年、嘉永四年（一八五一）十一月十一日に五十九歳で病死した。

四　藩政改革の推進

新政への打撃

おこぜ組の獄は、山内氏治世においても稀れにみる大事件であった。しかもそれが天保改革進行途上の集団処分で、これに連座したものが新進気鋭の人々であったことは、改革の陣頭指揮を志す藩主豊凞にとっても大きい打撃であったに相違ない。

豊凞革新政策を推進す

西洋砲術の採用

江戸幕府は文武の奨励、風俗の嬌正《きょうせい》、財政の整理によって改革の成果をあげることにつとめたが、その緊縮政策の強行はかえって諸方面の怨《うら》みをうけ、老中水野忠邦はその職を退いた。これは改革の失敗を物語るものであったが、土佐藩の場合はどうだったか。庄屋同盟の結成、名野川郷民の逃散《ちょうさん》、おこぜ組の獄など相次ぐ事件の発生は、改革の推進をはばむものであったが、豊凞はその完遂に精魂をうちこんだ。士風振興がその一で、天保十四年(一八四三)閏九月には一門山内大学(追手邸豊栄)を藩校教授館の総裁とし、館制を整え教則を定めて諸士の習学をすすめ、弘化元年(一八四四)三月には帯屋町に医学館を新築して沢流館と号し、医学の究明と治療の普及をはかった。同三年(一八四六)三月には武芸所を設立して式目を定め、諸士の鍛練を督励した。寛政以降海防問題がようやく深刻化し、砲術も旧式和流よりも実効ある洋式の優秀さが認められ、弘化元年九月には側近の士を選んで幕府の砲術家下曽根金三郎(之信)に入門させた。そのうちには入門の命を拒むものもあったし、和流砲術師範は洋式採用をよろこばず、その説得にもなみならぬ苦心があった。海岸防衛のためには備砲の鋳造もあえてせねばならず、その裏面には財政のやりくりにも配慮をめぐらさねばならなかったのである。

財政と一門連枝の待遇問題

財政問題として苦心を要したのは一門連枝《れんし》の待遇であった。当時在国の一門には西屋敷(九代藩主豊雍三男豊敬)・東屋敷(十代藩主豊策三男豊道)・南屋敷(同上五男豊著)・追手屋敷(同上八男豊栄)および本町屋敷(十二代藩主豊資二男豊惇)の諸邸があり、その分格《ぶんかく》と待遇の決定が懸案とされていた。弘化三年(一八四六)三月その席次を追手・本町・西・東・南と定め、当主には一様に蔵米《くらまい》千五百石を給付することになったし、隠居には別に三百石又は三百五十石を与える内規を設けた。

民情視察

このような緊急問題を整理しながら、民政にも注意をはらい、弘化二年(一八四五)九月から十月にかけて豊凞みずから領内西部を巡見し、同四年(一八四七)十月には東部を巡廻してつぶさに民情を視察したばかりでなく、毎年監察府の役人を東西に派遣して農山漁村の盛衰を視察報告させ、施政の参考に資することを怠らなかった。このような努力と倹約の励行が実を結んだものか、天保十四年(一八四三)五ヵ年厳略(厳しい倹約)を士民に約束してから、弘化五年(一八四八—嘉永と改元)春にはこれを解除することができた。解除できるまでに改革が進行したものと考えられる。

第三　豊凞と吉田東洋

一　東洋登用せらる

東洋はじめて船奉行となる

吉田東洋がはじめて官途についたのは天保十三年（一八四二）で二十七歳のときであった。同年九月十三日に船奉行に登用されたのだが、記録には通称官兵衛となっている。元吉と改称したのはその後まもなくのことだったと思われる。当時監察の職には森勘左衛門（枝美）や平井善之丞（政実）などがあって有能の材を求めていたので、東洋もその鑑識にかなって起用されたのであろう。しかもその非凡の才能は早くも藩主豊凞の認めるところとなった。

豊凞、東洋を鑑識す

豊凞は、翌十四年（一八四三）閏九月財政緊縮のために職員整理の方針を定めたが、

郡奉行転補とその後

東洋と武具役小南五郎右衛門（和良）が整理の対象となるのを惜しみ、「両人とも世上に人望あるもの、かつ忠情の者なればそのまま解任するは都合よろしからず」と二人を他に任用する意向を執政につたえた。この結果仕置役に大庭三左衛門を、大目付に吉田元吉を、郡奉行に渋谷伝を、近習目《きんじゅめ》付《つけ》に小南五郎右衛門を選任する案が提出されたが、豊凞はこれについて、「吉田元吉大目付のこと、学力の処は宜しけれど、未だ若年ゆえ、只今重役に用いて世上の仰望《ぎょうぼう》いかにやと心もとなし。郡代の任が至当か」と二の足を踏んだ。それでもまだ東洋の材幹を推重する重臣もあったが、豊凞は慎重な態度で、「元吉はかつて家来を害したる仔細もあれば、大目付に申付くること如何あるべきや」と重臣の提案をしりぞけ、十一月四日になって東洋を船奉行から郡奉行に転補させたのである。小南五郎右衛門は十月二十七日に試案のごとく近習目付に補任された。東洋の大目付就任はこんな事情で見送られたのであるが、裏面にはかれの立場を顧念《こねん》する豊凞の温情が流れていた

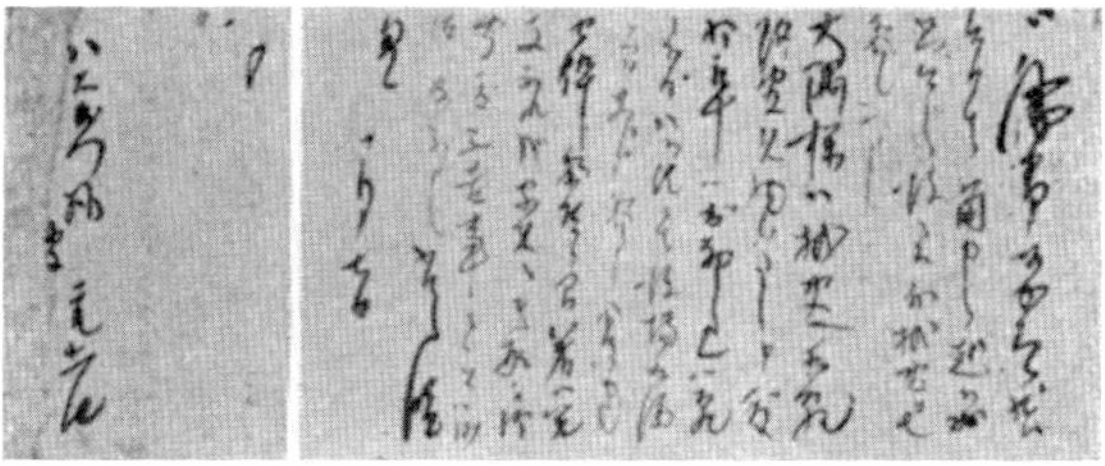

吉田東洋書翰

御勝常奉賀候然ハ
今日者角力之趣下拙
只今之役ニ而外桟敷江者
参し不申
大隅様御桟敷へ相願
珍敷見物いたし申度
何卒御出勤之上御願
被下度八ッ頃ニ者役場相済
セ倅参候間若御差
支なれバ家来へ其形被
聞度不苦事ニ候ハ、御沙
汰ニ及不申候右之段
匆々

十月七日

〆
八右衛門様　　元吉
披

（註、高知城懐徳館陳列、宛名は後藤八右衛門、角力見物に関するものだが、年次未考）

のであって、東洋は郡奉行として民政を担任し、政治家としての視野をひらくことができたのである。

東洋は弘化二年（一八四五）七月二十七日病気のために郡奉行を退き、しばらく閑地《かんち》にあって静養につとめた。同四年（一八四七）十二月二十八日船奉行に再任、翌嘉永元年（一八四八）十二月二十七日まで在職しているが、船奉行の職に在ること前期と後期をあわせて約二年、郡奉行在職一年八ヵ月、天保改革を推進する豊凞の知遇《ちぐう》にこたえて、東洋はどれだけの使命を果し得たであろうか。これは東洋の政治生活第一期であった。

二　済農倉設立の企画

郡奉行としての企画

東洋の郡奉行在任中、その功績として注目されていいのは済農倉《さいのうそう》の設立企画だった。農民のための備荒《びこう》貯蓄は地域的に義倉《ぎそう》、または社倉《しゃそう》の名で行われていたが、東洋はそれをもっと組織化して藩の指導下に経営しようとしたので、このことは弘化元年（一八四四）十月同僚久徳《きゅうとく》安左衛門・青木忠蔵と連署した上書《じょうしょ》に示されている。

法令の目的と意義

上書の前半は法令に関するもので、これは時勢の推移とともに現実に即応するように改正されなければならないとの意見だった。そのうちに、「御法令と申すは上下の分を定め、万民の業を励まし、その上に反《そむ》かずその欲をたくましうせず、国家の永久に相治まり候大綱《たいこう》にて、たとい何時非常の大変これあり候ても何の恐れもなく、上の御下知《げち》次第にて何事も相弁じ、いつまでも御国力もつよく、百姓どもの安楽に参り申すべきために設けられたる訳」と説き、また「其余《そのよ》非常の水《すい》旱《かん》等は計りがたき訳につき、近来義倉銀等取立てにも相成居候えども、員数少にて何の御用にも相立ちがたく候間、先達て済農倉仕《さいのうそうし》法書《ほうしょ》をもって御達し仕り候儀」とも述べている。済農倉設立案文は、この以前すでに提出されたことがわかるが、これは原書がうしなわれているので見ることができない。

済農倉に関する意見書

上書後半は済農倉設立の趣旨と運営について説明を加えたものであるから、左に掲出する。

（上略）右済農倉御取極めに相成候時は、義倉銀はそれぞれ割戻しの作配《さはい》仕るべく、何分最寄《もより》々々へ籾囲《もみがこい》仰付けられ、向々は六郡中へ行渡り候様仕はえ（手配する の意）申す時は、事に臨み実に郷民どもの為めに相成り申すべきのみならず、総じて従来困窮の村柄《むらがら》少なからず候につき、只今取縮め仕居候間、それぞれ回見《まわりみ》仕候上、その村形に応じ、向《こう》来成立《らいなりたち》に相赴き候様の仕法《しほう》相立て申すべし。左《さ》候時は御貸付等も仰せ付けられずては参りがたき所柄もこれあるべきにつき、右仕法御施しに相成り候時は雑用米をもつてかれこれの取扱いも相整い申すべし。左《さ》なき時は村毎に仕法は相立て候ても、業に施し候儀難渋仕るべくと存じ奉り候。且つ右仕法農民共御救いとしては外に御仕法もこれなくやむを得ざる訳にて、実に当然の理に相決し候時は御施しに相成候様存じ奉り候。もつとも地下役《じげやく》共へ厚く相諭し、其上にて百姓どもへは飽くまでも利害おだやかに諭し聞かせ、御国境の村々等は尚以て厚く取扱い候様かれこれ作配《さはい》仕り候時は、いかなる愚昧《ぐまい》の者これあり候ても、一村一円に承知仕らず人気に相懸り候儀には至り申すまじくと存じ奉り候。これとても凶年等相重なり、飢饉等に相及び人気立ち候時は一通りならざる訳につき、左様の事跡に立乗らざるよう下々《しもじもご》御介補《かいほ》の御手当てとして設けおかる訳につき、よくよく御詮議仰付けられたく、総じて永久の為めに相成り候程の事柄は、とやかく申す者一人もこれなきように相施し候は出来難き儀と存じ奉り候。

（下略）

これはその大要で「委曲の儀は御不審に随い口述を以て御達し仕るべく」とも付記している。しかし、この案は東洋の郡奉行在職中には実現することができず、弘化二年（一八四五）七月二十七日病気のために退職したのであるが、八月二十三日提出した時事五箇条のうち第四条にも、荒政《こうせい》を戒めて済農倉の実施をつよく要請している。

東洋病気のために退職す

済農倉は東洋の手によって実現することができなかったが、その企画について東洋以上に熱意をみせたのが藩主豊凞であった。執政にむかって、「前代未聞、

藩主豊凞の東洋への期待と熱意

草創の業なれば容易のことにあらず。さりながら其人存して其政挙《あが》ると申すことあり。この儀は元吉の専ら取調べたることなれば、元吉ならではその任に堪えまじ」といって東洋の病気快復を待ったほどである。東洋の出仕は不能になったが、豊凞は有司を督励して済農倉原案に検討を加え、八月になって「御囲籾式書」の成案を作成した。これによると弘化三年度以降二十年計画で籾高十万石貯蔵を目標とし、年間五千石を村々に割りつけようというのである。弘化四年(一八四七)五月になって、「追加御囲籾式書」が作成された。これには「先達て厚き思召を以て吉籾《きちもみ》十万石御囲置仰付けらるる筈の処、近年異船渡来間々《まま》これあり、右防禦の御手当厳重に仰付けられ候に付右御手当にも相成るべく」とあって、凶年飢饉の非常手当のほかに海防手当てとして流用することが示されている。籾倉所在地と貯蔵割当高は左のごとくであった。

御囲籾式書の成案

倉庫所在地と貯蔵割当

安芸《あき》郡　甲浦(二〇〇石)　野根(一、七〇〇石)　佐喜浜(七〇〇石)　室津(五

〇〇石）　奈半利（三、〇〇〇石）　田野（二〇〇石）　安田（三五〇石）　安芸（四、四〇〇石）　和食（三五〇石）

香美郡《かがみ》　手結（一、〇〇〇石）　赤岡（三、七〇〇石）

長岡郡　本山（二、〇〇〇石）

土佐郡　高知（三八、一〇〇石）

吾川郡《あかわ》　長浜（一七、〇〇〇石）

高岡郡　宇佐（一、二〇〇石）　福島（六五〇石）　須崎（三、二〇〇石）　久礼（四〇〇石）　上ノ加江（三〇〇石）　志和（八〇〇石）　与津（一、八〇〇石）

幡多郡《はた》　佐賀（七〇〇石）　上川口（二、七〇〇石）　中村（五、〇〇〇石）　下田（三五〇〇石）　清水（二、〇〇〇石）　下茅（二〇〇石）　三崎（一、〇〇〇石）　下川口（三五〇石）　小尽（一、五〇〇石）　坂ノ下（一、五〇〇石）

高知・本山・中村を除く籾倉所在地はほとんど海岸集落である。集散の便利が考えられたのであって、高知城下だけに集中したのでは不時の際天候の順逆によって機を失するだろうし、また山分は運送の不便もともなうので、国内便宜の土地をえらぶ必要のあることは東洋の持論でもあった。このほか籾三千石を江戸に廻漕《かいそう》して品川の倉庫に貯蔵し、非常変災の場合、在府人員の救済に当てることも考えられていた。

東洋の才幹認められる

済農倉に関する東洋の企画は、このように豊凞の督励によって推進され具体化したのであって、これは「東洋用うべし」という印象を時代の人々に強く与えたであろう。大目付後藤八左衛門の存寄書《ぞんじよりがき》には、「只今世上の御用に相立つべき国人は寺田左右馬《そうま》・坪内求馬《もとめ》・吉田元吉・末松務左衛門よりほかになし」と見え、東洋の才識・手腕はすでに藩政界の一流として推重されるに至ったのである。

三　時事五箇条の建白

東洋の退職は病気を理由とするもので、その病気引籠《ひきこも》り中も豊凞は快癒出勤を

時事に関する東洋の意見

待望していたが、ついに弘化二年（一八四五）七月二十七日退職を認めなければならなかった。静養一ヵ月の間、東洋は藩政のありかたについて考慮をかさね、八月二十三日になってこれを一篇とし豊凞に上呈した。すなわち「時事五箇条」と題するもので、第一は治国の本は有司《ゆうし》の人選を根本とすべきこと、第二は法令を簡にし賞罰を重んずべきこと、第三は冗費冗官《じょうひじょうかん》を淘汰《とうた》すべきこと、第四は荒政《こうせい》に備うべきこと、第五は海防を厳にすべきことで、いずれも中興政治の上に自己の抱負と期待とを盛りあげたものであった。

第一人選の要

時勢は変遷常ならず、国政にあたるものはこれに用心することが肝要だが、土佐の現情はどうか。初政以来、藩主豊凞の政務にはげんでいることは衆目の認めているところで、当然流弊《りゅうへい》も改まり驕者《きょうしゃ》の風俗も次第に変らなければならないはずだが、東洋は「方今の形勢なかなか御初《はつ》入り遊ばされ候節よりは相弛《ゆる》み候様存じ奉る」と直言している。そのために書きあげた五箇条であった。第一人選の条では「御治国の本は人才の能否に相係る義」と論じ、「何分人の才と申すは各〻長所の御座候ものにて、法令の取扱いに長じ候ても財用のくりまわしに拙《つた》なく、或は大体に昧《くら》く候ても役下の者を能く相宰《くる》めるなど一様ならざる儀に付、何卒その人の長所について御使い遊ばされたきこと」と人才鑑別の要を説き、さらに、「家柄・身代にかかわらず、然るべき人柄は御進め遊ばされ候様仰付けられ、御上にはいつまでも御たゆみ遊ばされず候はば、御趣意を輔翼《ほよく》し奉る人次第に相進み申すべし」とも論じた。人才登用に門閥打破の要を訴えた革新的な主張である。

第二法令の整備

第二に法令は国家の大綱《たいこう》であるが、時勢の推移にしたがって複雑繁多となり、複雑繁多になれば実行できないものも生じて来る。実行不能の法令については賞罰も明白に施すことが困難になって自然綱紀もゆるむわけだ。法令を簡にして賞罰を厳にすることがたいせつで、「昔より名君にても恩賞にて人を進め、黜罰《ちゅつばつ》(退職処分)にて人をこらしめ申さずして世を治め候儀相調い申すまじく、さなき時はいわゆる君子の不幸にて小人の幸と相成り、下より上を窺い申す訳にて御威光薄く相成り申すべし」というのが東洋の意見で、法令が整備してもその効果はこれを運営する人を得なければ期待することができない。「其任に相かない候人ならでは」と、ここにも人選の必要が訴えられている。

第三行政整理

第三に冗官を除き冗費を節することが政治中興の要諦《ようたい》である。「いかにとなれば、いずれの世にても守成《しゆせい》久しければ流弊のかどのみにて無益の費用、無益の役場多く相成り申す訳につき、まずその旧習を洗い申さずては事の本相建《た》たず」と説き、節約令がしばしば反復されながら実効が見えないのは抜本的な計画性がなく、詮議が徹底しないからだ。その一例として「御士ならびに郷士の儀は緩急《かんきゆう》の御用に御備え遊ばされ候儀にて格別に御座候えども、御用人に至り申候ては算勘《さんかん》にて召遣われ候者どもの儀につき、決して数百人は御入用これなき儀と存じ奉り候。然るに只今は千人計《ばかり》も御座候様承り申候。是等其儘に遊ばされ候ては向来《こうらい》幾千人に相成り候程もはかりがたく」という実情で、しかもかれらは銀・米を取扱う役がらであるから私曲をたくらみ風紀をみだるものが多い。行政整理はこのあたりから着手すべきだというのが東洋の意見であった。

第四備荒貯蓄

第四は備荒貯蓄の問題で、「この筋去春以来御郡方《おんこおりかた》において詮議仕《し》り候て、法書《ほうしょ》一冊出来《しゅったい》仕り、申出で候儀に付略〻仕り申し候」とある。これは人民愛護の急務であるからぜひとも実現されたい。「取扱いの儀はきつと御人選仰せ付けられ、年数を経《へ》候ても弊の出来仕り申さざる様、役賦《やくくばり》をはじめ経済取扱いの儀まで御定め仰付けられたきこと」と訴え、糴倉の場所も非常の場合、運漕の便宜を考慮して海岸の適地をえらぶ必要を論じているが、この詳細は前項に記述した。

第五海防の急務

第五は海防の急務である。これは従来年番の制度もあるが、それだけでは非常の用に立つとも思われない。「子細《しさい》は御国の南北二十里に満たず候えども、東西は百里にも及び申すほどにて彎月《わんげつ》(弓張月)の如く南海をうけ申す」地形であるから、外敵が神出鬼没《しんしゅつきぼつ》の策戦に出たときは東西応接にいとまなく、奔走に疲れるだけであろう。これについて東洋はどんな対策を考えたであろうか。

東洋の海防私案

私愚案には、外に御手段もあるまじく、何分きつと人柄御選びにて東西海辺の形勢を御見合せ遊ばされ、浦戸より西にて幾所、東にて何か所と相定め、近辺にこれある寺を右の場所へ相遷し、万一の時は一防ぎ出来候様に御普請《ふしん》仰付けられ候て、或はその郷から東何村までの郷士・地下《じげ》浪人ども某の場所、何の浦より西何の村までの郷士・地下浪人は某の場所と、右定めおかれ候寺へ緩急《かんきゅう》かけつけ候様かねて仰付けられ、右の大将分として御士一―二人づつ御選びを以て、遠方の場所は爾来相詰め候様仰付けられ、其余とてもかねて相心得居り候て、万一の節早速御差向け仰付けられ、其場々々へかけ集まり候者を下知仕り、浜の手へ備へを出し打払ひ申すか、或は賊の勢により右の寺へ引取り相拒《ふせ》ぎ申すなど、機に臨み如何様とも相成り申すべし。もつとも右郷士・地下浪人どもかねて人高《ひとだか》相縮め候て、場所により人数少に候時は百姓どもの内にても壮健の者を差加へ何百人と相定められ、一ケ年に一度にても大将分に御定めの

郷士、其持場々々へ罷越し、右の人数相集め緩急のならし仕候時は、かねて賦《くば》り方も相整ひ居り申すべし。（前後省略）

これを要約すれば、あらかじめ防衛地区を設定して陣地を設け、地方在住の郷士や地下浪人を海防要員として召集、士分から任命された指揮官に配属して非常の用にあてようというのである。これは文化以来当局によって考案されたことで、かならずしも東洋の独創とみることはできないが、要員不足の場合に農民を選募して訓練することは、当時として非常に進歩的な着想であった。

農兵組織の進歩性

時事五箇条のすべてが豊凞の藩政改革に役立ったかどうかは別として、政治家東洋の若き日の思想と態度が明らかに窺えるだろう。

四　司船と航海

船奉行の職掌

船奉行の職掌について『海南政典』には、舟艦の政をつかさどり、梢工《しょうこう》（船頭）・

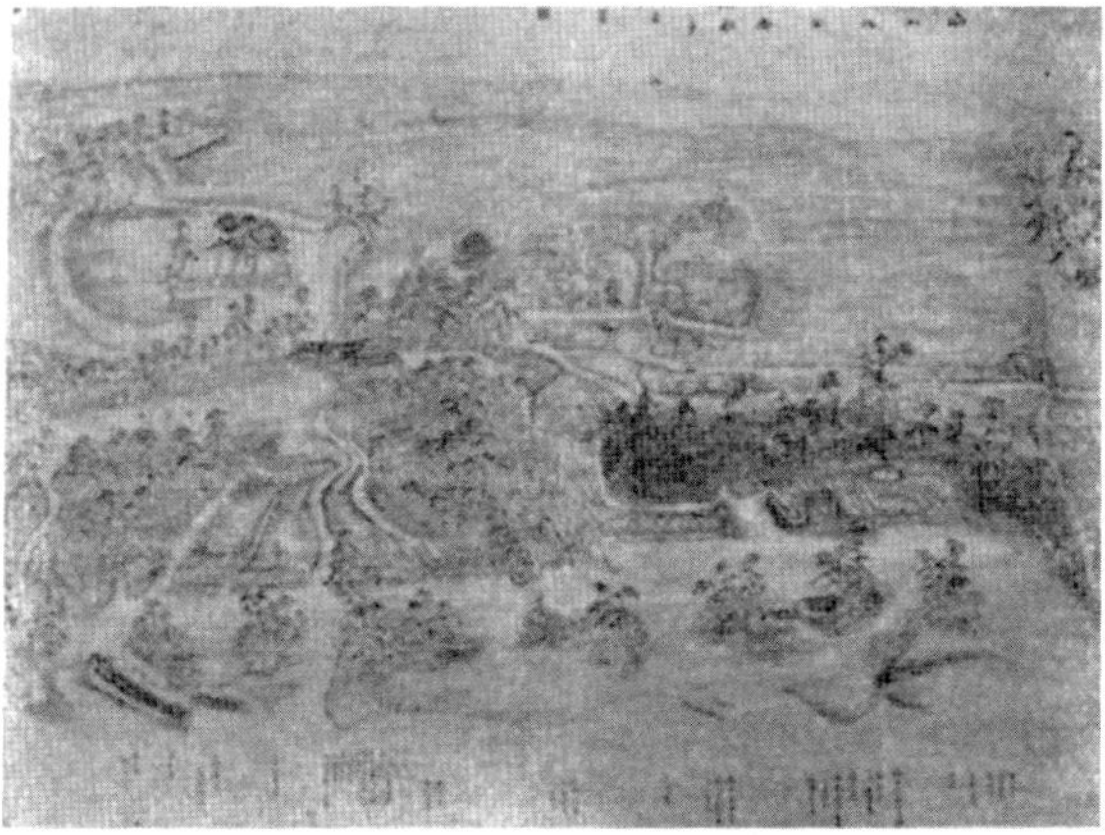

種崎造船所図絵（高知市立市民図書館蔵版）

浦戸湾頭にあって種崎・仁井田両集落にまたがり、かつては「仁井田御船倉」ともよばれていた。造船所ばかりでなく、藩船の格納庫も軒をならべ、付近には多くの船匠や船頭、水主たちの住宅もあった。

船奉行は、その在任中は家族とともに同所の役宅に住み、造船・航海・船員のことをすべて管理しなければならなかった。構内にはまた「日和山《ひよりやま》」と称する小丘があって、毎日天候観測が行なわれた。老練な船頭や水主に天候を予測して入札させ、成績のすぐれたものには恩賞をあたえる制度もあった。船庫は仁井田のほかに東海岸の甲浦にその支所も設けられていたが、浦戸湾は古来土佐藩の海軍根拠地として重要な位置をしめ、現在でも高知港として海国土佐の表玄関となっている。

水主《かこ》(水夫)を督し、航海術を講じ、以て不虞《ふぐ》(不意の事変)に備うと説明している。造船・航海をふくめた土佐藩海軍の中枢機関で、船奉行所は浦戸湾をひかえた仁井田に設けられていた。奉行は原則として二人と定められ、馬廻《うままわり》の士がこれに任命せられ、役料二百五十石をうける。留書役《とめかきやく》・使番《つかいばん》各一人・下役二人がこれに直属し、その管下には本木役《もときやく》・作事役・船仕立役・荷船役・船守役・御座船はじめ江戸廻船頭や大坂廻船頭、門番や船番の雑役があり、阿波(徳島県)に近接した東海岸の甲浦《かんのうら》にはその出張所があった。

東洋がはじめて船奉行に任命されたのは天保十三年(一八四二)九月のことだが、そのころ管下の藩船は一三四艘だったことが『当分覚書』と題する書に記録されている。御座船・関船《せき》・小早船・今伊勢・荷物以下その船種などについて判明したものを表示してみよう。

表 土佐藩船籍

船種	船型	櫓数	乗組水主	船数
御座船	二十一反帆	七六挺	八四人	一隻
御召替	十五反帆	六四	六八	一
御渡海	十三反帆		不詳	一
大小早	九反帆		三五	一
赤塗小早	六反帆		一九	一
水小早	六反帆		一六	一
御引船	十二反帆		五〇	二
御使小早	五枚帆		八	四
泰国丸	川御座	六四	二一	一
水伝間	五枚帆			二

船種	船型	櫓数	乗組水主	船数
関船	十三反帆		五〇	一一
同	十二反帆		四八	一五
同	十一反帆		二九	六
同	十反帆		二四	五
同	九反帆		二〇	七
同	八反帆		一八	五
同	七反帆		一六	七
同	六反帆		一四	一
小早船	六反帆			一
同	五枚帆			一

船種	船型	櫓数	乗組水主	船数
今伊勢船	九反帆			四
同	八反帆			二
同	七反帆			一
同	六反帆			一
同	五枚帆			一
御荷船	十五反帆			一
同	十四反帆			一
同	八反帆			一
御飛脚小早				二

東洋の船局改革

右表のほかに水伝間船《みずてんません》一五艘・小伝間《こてんま》船六艘・棚付船一五艘・はしけ船一〇艘がある。御座廻り一五・御関船一五・小早船二・今伊勢船九・御荷船三・御飛脚小早船二をこれに合計して一三四艘となっている。しかもその多くは船体破損し、帆索《ほづな》腐蝕して用にたえないものが多く、東洋は船奉行に就任してただちにその改修に著手し、かつ水主を督励して航海練習を課し、その面目を一新することにつとめた。勤役一年余で郡奉行に転じたが、弘化四年（一八四七）十二月再び船奉行に任命されたことは、船局《せんきょく》のもつ将来性と東洋の才能に新らしい期待がかけられたものとも解釈したい。

海路を江戸に参勤、帰国する藩主を送迎する船団を指揮するのが船奉行の職掌であった。浦戸港から大坂までの海路が古例だったが、天候や風浪の難を避けて高知城下から甲浦まで陸行、甲浦から大坂までに海路を短縮したが、それでも甲浦で天候にさまたげられ船待《ふなまち》することが多い。そのために陸路四国山脈を越えて伊予（愛媛県）に入り、讃岐（香川県）に出て高松から中国に渡るのが近例になった。船団は藩主の瀬戸内海横断のために期をはかって土佐から廻航するのである。

南海山陽雑記

東洋の紀行『南海山陽雑記』は、嘉永元年（一八四八）三月藩主豊熈の江戸参勤を送るための行動を記したものであった。東洋は二月二日高知を出発、赤岡・田野・浮津・佐喜浜など陸路を経て五日甲浦に到着、浦戸から回航する船団を待ち、同十四日に出港、由岐《ゆき》から椿泊・和田・無耶《むや》を経て備前(岡山県)与島《よしま》などの諸港に碇泊し、二十三日に讃岐の丸亀に入港した。船舶十余隻、舟人約三百と記録されている。三月五日に高知をたって十一日この地に到着した豊凞とその供廻《ともまわ》りを船団に収容、備前の室津《むろのつ》まで送ったのち、船団は姫路経由、十七日に甲浦に帰航した。東洋はそれから陸路をとって二十日に高知に着いているが、これだけの旅程に約五十日もついやした。

五　豊凞卒去と辞官

江戸参勤後間もなく、六月二十八日に到着した急飛脚は豊凞の病気重態をつたえて人々をおどろかせた。七月二十一日には危篤を報じ、相次いで帰国した使者片岡九十九《つくも》は七月十日に豊凞卒去のことを報告した。まだ三十四の壮年で、このことは誰も想像しなかっただけに士民を狼狽させたのである。遺骸は霊柩に載せられて七月二十九日江戸をたち、木曽路をとって大坂にむかい、大坂から海路土佐に送られることになった。

東洋の動静

船奉行吉田東洋は三月には豊凞の江戸参勤を送り、八月にはその遺骸を土佐に迎えることになったのである。七月十五日浦戸で荷船翔揚丸《しょうようまる》に乗りこんだが、風浪のために碇《いかり》をあげることができず、二十日になって三十余隻から成る船団を指揮して出帆、二十五日に甲浦に寄港、二十九日の夕暮になって大坂に到着した。土佐では、豊凞に嗣子がないために弟豊惇《とよあつ》(式部)をその養子として家督相続のことを幕府に届け、豊惇は江戸に出ることになって八月九日大坂まで登ったので、東洋は川御座船でこれを伏見に送り、二十日には同所で豊凞の柩を迎え、翌日淀川をくだって大坂に到着、二十四日大坂出帆、二十八日甲浦に着船、それからは陸路をとって九月三日高知に達し、柩を真如寺に納めた。豊凞の法号は養徳院後鏡《こうきょう》視倹居士《しけんこじ》。山内氏歴世のうちでもその学徳の高さで知られ、天保の政治改革以来その成果をもとめて日夜をつとめたが、その心労が世を早める原因になったのではないかとも考えられている。

豊凞の遺徳をしのび、その行実《ぎょうじつ》を録したものに『耿光遺範《こうこういはん》』と題するものがある。その側近に勤めて政務を輔けた寺田左右馬(正剛)の編述したもので、東洋はその序文を書いた。これには「秋、嚮《さき》に誤って公の知を辱《かたじけの》うし、屢〻顕官に擢《ぬき》んでらる。しかも浅学疎才、寸績を献ずる能わず。因てひそかに自から量《はか》らず公の行略《こうりゃく》を編輯し、以て恩遇の万一に報いんと欲して未だ果さず」とあって、東洋みずから先主の遺徳を録して後世にのこすことを考えていたのである。この書を閲するにおよんで、「宿志を購《あがな》うことを得、一言無かるべからず。よって洛誦《らくしょう》再三、公の音容恍《おんようこう》として目《まなこ》に在るが如し。愴然《そうぜん》涙をふるって之に序す」と結んでいるが、これは東洋のいつわらざる心情であろう。結ぼれる心をぬぐいかねて、十二月二十七日には船奉行の職を辞して閑地についた。

東洋船奉行を辞す

六　近畿遊歴

山内家の災厄

嘉永元年(一八四八)は山内家にとって例のない厄年《やくどし》であった。七月十日に豊凞が病歿して、その養嗣となった実弟豊惇《とよあつ》は九月二日に江戸出府、六日になって幕府から相続を認められたが、旅中から病気にかかり十八日に亡くなった。まだ二十五歳の若さで、婚約の三条氏(三条実万の女、しづ姫)は十六歳で高知に滞在中、これも符節《ふせつ》を合わせたように同日に病死している。嗣子も定まらず当主がなくなったら二十四万石の山内家の家督はそのまま取潰《とりつぶ》しになるかも知れない。

容堂の相続事情

狼狽《ろうばい》した山内家では、ともかく豊惇の喪《も》をかくして養子をたてるために手をつくした。十一月になって江戸の麻布《あざぶ》山内氏の養子になっている豊惇の弟豊矩《とよかね》を土佐へ呼びもどしたがこれも病弱だし、その弟の鹿次郎はまだ三歳になったばかりの幼年である。やっと分家南屋敷から山内豊信《とよしげ》をむかえて養嗣とし、江戸へ出した。豊惇は病気のために隠居、改めて養子豊信家督相続の願書を幕府に提出、十二月二十七日になってその許可をうけた。豊惇の喪は翌年二月十八日になって公式に発表されたので、この手続きは公然の秘密として幕府の諒解のもとにとりあつかわれたのである。山内家の親戚には薩摩の島津斉彬《なりあきら》、筑前の黒田斉溥《なりひろ》、伊勢の藤堂高猷《たかゆき》、それに隣藩宇和島の伊達宗城《むねなり》等有力な大名があって老中阿部正弘にわたりをつけ、裏面工作をほどこしたのが奏功したのであった。この謝礼として山内家から各家へ鉄砲五挺・鰹節《かつおぶし》二百箇をそれぞれ贈っているが、これは表面の記録であって、諸方面に相当の運動費がまかれたことが想像される。

豊信はすなわち後日の名太守《めいたいしゅ》とよばれた容堂のことで、東洋とは君臣水魚の交わりを結んでいるが、当時はまだ一面識もなく、その相続決定と同日に東洋が退職しているのも皮肉な偶然といえるだろう。亡君豊熈を追慕しながら閑地についた東洋のその後の起居動静についてはしばらく伝うべき記録がない。鳴かず飛ば

東洋静遠居に自適す

ず、家居《かきょ》して書を読み想を練っていたことが想像されるが、泉石《せんせき》の布置《ふち》を新らしくした帯屋町の静遠居《せいえんきょ》には風月のながめがあり、時には文人・詩客《しきゃく》の去来があって東洋をなぐさめた。遺稿『静遠居記』には自ら進退の経歴を録して、「予は食邑《しょくゆう》を世襲して恩に沐《もく》すること久し。官と不官とを論ずるなく」全力をつくす覚悟あることを示し、「故に予の官を辞する所以《ゆえん》は、まさに公に報ずるあらんとするなり」と記してあるのは、さらに他日の雄飛を心底に期していたのであろう。

有馬入浴日記

病気療養を理由に、嘉永四年（一八五一）二月二十五日東洋は旅行に出た。表面は有馬温泉（兵庫県）へ湯治《とうじ》することにし三十五日の休暇を許可されたので、同伴は若党の茂作と信平だけだったが、北郊比島《ひじま》まで見送りの知人は十人余で、そのうちには漢学者の岡本頼平や詩人の森田良太郎もいた。その夜布師田《ぬのしだ》の旅宿へは奥宮慥斎《おくみやぞうさい》の訪問をうけている。慥斎は佐藤一斎の門にまなび、土佐に陽明学を伝えた学者である。本山・立川の諸駅を経て北山の国境を越え、讃岐から中国路に渡って大坂に到着、三月四日には河内屋書店で典籍をあさり、詩文の名家として知られた篠崎小竹《しょうちく》や奥野弥太郎を訪問した。それから伊勢路に入り、八日には津の斎藤拙堂を訪ねた。拙堂《せつどう》の名をしたって来遊中の菊地渓琴《けいきん》・片山冲堂《ちゅうどう》にも面会することができたし、東洋は滞在三日の間つねに拙堂の門をたたいて教えをもとめた。拙堂は詩文に名を得た人だが、史眼にすぐれ経済を識《し》る学者で、東洋は初対面のとき、「貴藩の収入はいくばくありや」という質問をあびせられて面食らった。以来東洋は深く拙堂に心服したが、拙堂も東洋の非凡の才を察し、他日人にむかって、「当今関西の人物をあぐればまづ大垣の小原鉄心と土佐の吉田東洋か」と評したという逸話がある。

斎藤拙堂を訪問す

京坂の交友

東洋は津を去って三月十二日、そぼ降る雨の京都に出た。菊地渓琴・片山冲堂と行《こう》をともにし名所に遊び市況を見物したが、その間に梁川星巌・頼三樹三郎・藤井竹外・村山拳山《けんざん》・牧百峰・家永弥太郎・宮原節庵などの文人・名士に面会した。

十六日大坂に下り、翌日ふたたび篠崎小竹をたずねたが面会することができなかった。十八日には広瀬旭荘・菊地渓琴と木津川に舟遊をたのしんだ。二十一日大坂をたって中国路を西に、室津から丸亀に渡海、四国山脈を越えて四月一日に高知に帰っているが、この旅行記は『有馬入浴日記』と題して遺稿におさめられている。

拙堂と東洋

旅中で得た友片岡元章に与えた東洋の文に、師友を求めて「天下を環視《かんし》するに、拙堂斎藤先生に如くはなし。先生博学、文章を能くす。賢君に遭遇し超擢《ちょうてき》されて顕任にあり。その学ぶ所を勢伊二州(伊勢伊賀)に施行し、政治の美天下に聞ゆ。僕の勢《せ》行《こう》(伊勢旅行)ある所以」と書いたものがあって、藤堂家の名臣斎藤拙堂を訪い、その文学だけでなく政治・経済の意見をたたくのがこの旅行の主目的でなかったかと思われる。それにしても、「僕、南海に僻処《へきしょ》し交游絶えて少なし」と歎じた東洋が、はじめて近畿を遊歴して斎藤拙堂を知り、梁川星巌・頼鴨崖《おうがい》(三樹三郎)・藤井竹外・篠崎小竹など京坂の名流に交わったことが、かれの将来に大きくプラスしたことは説くまでもあるまい。

七　剣法大石流

東洋は寺田忠次を師として一刀流剣法を習ったとされているが、また筑後(福岡県)柳河藩の剣客大石進について剣技をみがいたという説もある。大石流と称して幕末期に関東・関西にその妙技を知られたもので、父子二代にわたって進を通称とした。父の進は名を種次、隠居して武楽《ぶらく》と号し、文久三年(一八六三)十一月十九日六十七歳で病死している。子の進は初称進士、名は種昌、明治十一年(一八七八)十二月二十八日に五十五歳で世を去った。父におとらぬ天才児で五つの時から刀法を覚え、長ずるにおよんで剣名ますます高く、諸藩士のその門に学ぶものが絶えなかったと伝えられる。東洋の師寺田忠次も九州修行《しゅぎょう》の途上、親しく大石進の技を知り、帰藩後礼を厚くして土佐にまねいたのである。

柳河の剣客大石進

大石進の土佐来遊

寺田忠次の実名は友篤、城下江ノ口に道場をかまえていた。嘉永五年（一八五二）八月二日、大石進（種昌）は門人二人をつれて高知城下に到着し、寺田道場で剣法指南をはじめた。寺田門下の東洋も当然その稽古をうけたはずで、九月九日には大石師弟を自邸にまねいて慰労の宴を張っている。『寺田左右馬日記』に、「晩出て吉田氏を訪う。筑後撃剣家大石進・弟子友清助太夫・弟子友清和作の三人を寺田小膳弟忠次同道し来り、中山右馬介及び弟左近馬来り、同じく酒を酌む」と記しているし、同月十二日には、「元吉・幸右衛門・八十八郎《やそはちろう》・楠馬《くすま》追々来る。大庭氏と同じく寺田の撃剣場に至り技を見る。大石進の技聞ける所に異ならず」とその妙技に感歎した記事がある。『佐々木高行手記』には、「大石流は四ツ割の竹刀にてすこぶる長刀相用い、他流仕合を致し候趣」と見え、吉田元吉・由比猪内《いない》・市原八郎左衛門・真辺栄三郎・後藤良輔（のち象二郎）などこれに帰して寺田道場に遊ぶものが相次ぎ、このために大石流は古来の無外流や小栗流に伍して土佐の武芸界に新風をまきおこした。

大石進は寺田道場におよそ二ヵ月滞在して筑後にひきあげたが、東洋は「大石種昌の帰筑を送る序」一篇を書いている。その末文に、「壬子《じんし》の秋、君その弟子二人を携え来ってわが府下に寓す。府下の士就学する者甚だ多し。君の人となり風神洒落《しゃらく》、帯芥《たいかい》(こだわる)するところなく、見る者また武人たるを知らず。予親しみて之を憚かる。その将《まさ》に筑に帰らんとするや繾綣《けんけん》(なつかしさ)やむこと能わず、此を書して別れとなす」と惜別《せきべつ》の情を訴えたものがある。その技に精妙の意を用いるのは西洋科学者の物理工夫と相通ずるもので、「あゝ人々をして君の如く意を用いしめなば何ぞ求めて得ざらん。何ぞ欲して成らざらん。すなわち強旺(つよくさかんな)ブリタニア(イギリス)の如きもまた何ぞいうに足らんや」と結んでいるのはその志をはるかに西洋文明に馳せたものであろう。幕末の進歩主義者としてまた革新政治家としての東洋の頭脳の閃《ひら》めきを、われわれはこの送序のうちにとらえることができる。

第四　容堂と東洋

一　容堂政治はじめ

山内容堂の立場

容堂は、山内豊信《とよしげ》の隠居号で、その以前は書斎の号であった。はじめ忍堂と号していたのだが、水戸の儒臣藤田東湖に、「忍はよろしからず、衆言を容るることそ人君の徳」と注意されて容堂と改めたと伝えられる。では、なぜ忍堂の号をえらんだのであろうか。容堂は分家の南屋敷山内豊著《とよあきら》の長子だったが、はじめに記したような事情で、嘉永元年(一八四八)十二月にわかに本家を相続して十五代藩主になったのであるから、正統の相続者ではなかった。隠居の豊資はまだ健在で監視の目をはなさないし、家老や重臣にはともすれば軽視される。豪放で活達な容堂としてはそれは耐えられないことであったと思われるが、耐えられないことを忍ぶのがかれに負わされた一つの使命だった。忍堂の号をえらんだその心情が察せられるのである。

山内容堂肖像

相続したころ、隠居豊資に提出した誓約書をみると、第一公務には怠りなく、登城や老中廻勤《かいきん》などはたとい病気でもおして勤めること、柳営《りゅうえい》(幕府)の儀礼はすべて薩州(島津斉彬)の指図にまかせる。第二に同席大名に出会《であい》の場合は厚敬の文字を忘れず、言葉はひかえめにして酒など飲んではならない。第三に出遊の場合は行儀をただし、弁当のほか酒や菓子はもたず、帰邸は六ッ時(午後六時)を過ぎないようにする。第四に平生は日の出前に起床、五ッ時(午前八時)に出勤、四ッ時(午前十一時)までに所用をはたし、夜は四ッ時(午後十時)かぎり休む。仁慈の心を忘れず、飛脚書状は前日のうちに片付けておく、といったように、公私ともその生活はしばりあげられていた。公卿の三条実万《さねつむ》の養女(正姫、実は烏丸光政女)と結婚したが、養子は豊資の末子鹿次郎(豊範)ときめられ、南海二十四万石の太守といっても、周囲はかれをロボット視するかに見えた。

容堂衆望をあつめる

容堂は、しかしこのようなロボット大名で満足する人物ではなかった。老中阿部正弘に対面したとき、「天下の万機を一身に引受け、将軍家を輔けて内外の政治をとられるのはさぞかし御心労と察しあげる」と挨拶の口上を述べ、たちまち言葉を転じて、「いや、かく申すは表面の辞令、実は多くの馬鹿大名どもを相手のことゆえ御気楽千万のことであろう。ただ土佐守だけは向後《こうご》いささか御厄介に相成りたい」と傍若無人《ぼうじゃくぶじん》の口上だった(『鯨海酔侯・容堂公記伝』)。老練な正弘は静かに微笑をうかべただけだった。容堂はその後知人や左右の家来に、「阿部殿は幕府一等の人物ぞ」といたく心服した風情《ふぜい》だったと伝えられる。自信のあふれたこの広言は酒気をふくんでいたかもしれない。知己《ちき》のうちには容堂に酔漢とか酔狼《すいろう》とかのあだなをあびせるものもあったが、その聡明さと覇気《はき》とはいちはやく大名仲間にも認められた。時代の傾きは拍車をかけて、容堂をロボットのままに忍ぶことを許さなかったのである。江戸幕府の紀綱《きこう》はゆるんでいたし、地方諸藩もそうであった。しかもイギリス・フランス・ロシア・アメリカなどの船舶の日本近海に出没するものが多く、海防問題も焦眉《しょうび》の急を要するものがあった。土佐藩の場合、天保改革以来内政上のさまざまな悩みが未解決のまま残されている。嘉永三年(一八五〇)五月、容堂はとりあえず「省略五年計画」を発令したが、有司《ゆうし》にその人を得ず、境遇に制約されてその意図を思うままに盛りあげることができなかった。

二　ジョン＝マン還る

海外の知識を求める時勢

海防問題にからんで、ヨーロッパやアメリカの事情を知ることは国事を憂える人々にとって興味のあることだったし、また必要なことであった。しかし二百年来の鎖国政策は、特殊の人々を除いて外国知識をもとめる機会をあたえなかったのである。このような時代に容堂の領国幡多郡《はたごおり》中浜の漁夫万次郎が久しく海外に漂流し、アメリカ合衆国の好意によって帰国したことは非常に意義深いことだったと考えられる。

漁夫万次郎の漂流

中浜万次郎は天保十二年(一八四一)正月仲間四人で鰹船《かつおぶね》に乗り、宇佐浦から釣りに出かけたまま消息が絶えていた。暴風のために帰路をうしなって漂流中、アメリカの捕鯨船ジョン＝ホーランド号に救助され、そのまま帰国の機会にめぐまれなかったのである。まだ十五歳だった万次郎は、船長ホイットフィールドに愛護せられ、船長の故郷マサチュセッツ州ニューベッドフォードで学校教育をうけることもできた。その後は捕鯨船フランクリン号に乗組み、世界の海を廻航することもできたし、船長アイラ＝デビスの死亡したときは、その副船長に選ばれるまでに経験をかさねた。語学はいうまでもなく、測量・航海の学問と技術を身につけたが、その間にも故郷を忘れがたく、ついに機会を得て嘉永四年(一八五一)正月三日、琉球の小渡浜《おどはま》に上陸した。仲間四人のうち重助はすでに病死し、万次郎と同行したものは伝蔵とその弟五右衛門だけで、七月三十日には薩摩の山川港に上陸、鹿児島に約一ヵ月滞在し、九月二十九日長崎に廻送されて奉行の取調べをうけた。それがすんで高知に帰ったのは翌五年(一八五二)七月十一日のことだった。

万次郎帰還と高知の士人

万次郎ら一行が高知に着いたときは、すでにそのことを知っていた城下の人々が見物のために群集したほどで、たいへんな評判であった。大目付役場で形式的な吟味をうけたのち、山内家の一門連枝《れんし》・家老諸家などからまねかれて連日歓待をうけ、十月一日に郷里中浜に帰ることを許された。郷里に滞在したのもわずか三昼夜、また高知へ出なければならなかったが、万次郎の帰国とその異国話がど

東洋と万次郎

んなに高知の士人に関心をもたれたかはその歓迎ぶりをみて想像されるだろう。十一月二十九日の『寺田左右馬日記』には、「吉田氏に行。今日中ノ浜漂民万次郎をして装束をなさしむ」と書かれている。吉田東洋が自邸にまねいてその談話を聞き、洋服を着せてその異風をながめる情景が想見される記事である。『後藤象二郎伝』によれば、かれもまたこの席につらなり、万次郎から一枚の世界地図を譲りうけた。それ以来つねにこの地図をひろげて要所に朱点をうち、また訳字を記入して海外の知識を練ったと記されてあり、万次郎の帰国が東洋を中心とする土佐藩進歩派の形成に大きい役割をはたしていることを見のがすことはできまい。

中浜万次郎肖像

万次郎幕府に重用せらる

万次郎は、翌嘉永六年(一八五三)八月になって幕府の召命をうけ江戸に出た。十一月には御普請役格として徳川家の直参《じきさん》とし切米《きりまい》二十俵二人扶持を支給する内命がつたえられた。これはアメリカ水師提督ペリーの浦賀来港によって、その開港申入れを受諾するか拒否するかの問題に直面した幕府が、新帰朝者万次郎の知識と経験とを利用しようと意図したものであって、漂流者万次郎がこのような時代の脚光をあびるほどに、日本の運命ははげしくゆれていたのである。幕府にまねかれた万次郎はその語学、造船または航海の技術をもって多方面に活躍したばかりでなく、元治元年(一八六四)五月には薩摩藩に迎えられ、慶応二年(一八六六)七月には土佐藩にまねかれてその知識と技術を生かした。江戸幕府崩壊後、明治元年(一八六八)十月になって土佐藩は知行百石で馬廻の士格に列したが、維新の舞台に活躍した万次郎は土佐藩士というよりアメリカで得た異国名ジョン＝マンにふさわしい国際人であった。

三　東洋、政局に立つ

ペリー浦賀に来航す

　アメリカの東印度艦隊司令長官ペリーが艦船四隻を率いて相州《そうしゅう》(神奈川県)浦賀に入港したのは嘉永六年(一八五三)六月三日の朝であった。その極東政策を遂行するために日本を開国させることは多年の宿望であったが、ペリーは大統領フィルモアの意をうけて、その目的を達するために強い決意を見せ、幕府当局の長崎回航諭告をもはねかえして当局を狼狽《ろうばい》せしめた。この強硬な態度は江戸付近はいうにおよばず、日本全国にわたって大きい衝動《しょうどう》をあたえたのである。幕府は八日になってアメリカの国書を久里浜で受理し、確答を明春に約束したので、ペリーの艦隊は十二日に浦賀を退去した。

幕府はじめて世論を求む

　幕府はアメリカ国書の翻訳がすむのを待って、六月二十六日評定所でその対策を、諸国の大名や有識者の意見によって決定する方針を定めた。従来の幕府独裁の信条を自らすてたもので、これは幕府政権の後退を意味したものだと見られている。この報告は江戸詰《づめ》の藩士藤井猪三郎によって七月十七日に高知にもたらされた。六日以前にはアメリカへ漂流した中浜万次郎が高知に帰ったばかりで、城下に住む士民の間にはいろいろな意味でアメリカが話題にのぼったであろう。十八日には剣客寺田忠次の道場開きがあって、その夜の祝宴には吉田東洋も由比猪内・真辺《まなべ》栄三郎・市原八郎左衛門らと出会《しゅっかい》した。その席上でもこの問題が論議されて、東洋は「無役《むやく》の自分ではあるが、この事件は傍観黙視することができない」と気焔《きえん》をあげ、由比猪内は「遺憾ながら無役なれば局外におかれては施す策もあるまい」という意見で甲論乙駁《ばく》、夜のふけるのも忘れたそうである。それから数日たった七月二十七日に東洋は大目付に任命された。役料五十石を加えて知行二百五十石、柄弦差物《えつるさしもの》(使番の標識で肩書の一)の資格で軍備用を兼ねることになったのだが、これは船奉行を退いてから五年目のことである。

東洋大目付に登用せらる

山内容堂と東洋

容堂は国暇《くにいとま》をとって四月二十四日に江戸をたち、五月十七日高知に着城、時勢を静観しながら輔佐の臣を物色していた。静遠居《せいえんきょ》に読書講学する東洋の学識と材幹はすでに先代以来周囲の認めたところで、東洋の起用はむしろおそきに過ぎた観がある。東洋自ら世に出ることを望まなかったか、あるいはその気鋒《きほう》のするどさを敬遠する一部の勢力がその出世をさえぎったかは想像のほかだが、一説によれば、容堂は東洋に「北条泰時論」を課してその学力・才能をテストしたともいわれる。論文の末には「壬子《じんし》の夏、我が公外史を読み、特に此題を臣秋(正秋即ち東洋)に賜う」とあって、賜題は昨夏のことである。承久の乱にあたって北条泰時が表《おもて》に恭順を装いながら裏に私心を逞《たくま》しくした奸智《かんち》を痛撃したものだが、執政十八年、よく民心を収め庶民の生活を安定させたのはどうしたわけであるか。

北条泰時論

其本、蓋し人を用うるより始まる。泰時の悖逆《はいぎゃく》は人神ともに容れざる所なり。然るに才を進め不肖《ふしょう》を退け、心を民事に尽さばその効すなわちかくの如し。いわんや泰時の

悪なくしてその善を行うものをや。（原漢文）

これは順逆論をもって泰時を責め、政治論をもってその功を認めたもので、当世の策として人材登用のことを容堂に諷《ふう》したものとも考えられる。満々たる自信で東洋みずからその人材であることを紙背に訴えていたかもしれない。

突発した外交問題は、土佐の藩政当局をもつよく刺激し、これに対処し得る材幹を要望したのである。当時執政の職にあったものは山内太郎左衛門・五藤主計《かずえ》・福岡宮内《くない》で、参政の職には村田仁右衛門・坪内求馬《もとめ》・渋谷権左衛門が登用され、大目付には東洋のほかに大崎健蔵と片岡範三郎があった。十一月二十八日東洋は渋谷権左衛門に代って仕置役《しおきやく》、すなわち参政の座に進み、その後任には麻田楠馬《くすま》が補せられた。大目付としての東洋の役料五十石は除かれたが、新しく与えられた仕置役としての手当は二百五十石、知行高に加えると四百五十石となるのである。この破格の昇進は東洋のもつ学力と政治的手腕が認められたもので、容堂と

東洋仕置役に昇任

東洋とのむすびつきによる藩政改革の線はこれによって強化された。無為《むい》に安んじようとする保守的な勢力はしだいに影をひそめ、容堂による容堂の政治力がこれから強く出るようになったのだが、これを支えたのは東洋の革新的な政見とたくましい意欲であった。

四　外交問題建白の起草

アメリカ大統領フィルモアの開国要請を応諾するか、またはこれを拒否するかについて態度を決定することは幕府にとって重大な問題であった。これを応諾することは伝統の鎖国政策をすてることで、幕府の弱体化したことを世間に暴露するものだし、拒絶することはただちにペリー艦隊の攻撃に応戦することを意味するものだが、衰退した士気と無力な防備では必勝の目算《もくさん》がもてない。やむなくその対策として衆論を求めたのだが、地方大名としても妥当な意見をうち出すこと

東洋外交意見書を起草す

は容易ではなかった。容堂は新任の大目付吉田東洋に命じてその意見書を起草させた。東洋によせた容堂の信頼がどんなに厚いものだったかは、これだけでも諒解できるであろう。

開港拒絶と海防論

意見書は八月二十一日使者中山右衛門七郎にもたせて江戸へ送り、幕府に提出した。その結論は拒絶である。西洋人は精密な科学によって大艦・巨砲を製造し、その威力を背景にして東洋諸国に割拠《かっきょ》して日本に交易をもとめる。それを許せば愛情をみせて無智の人民を手なずけ、ついには日本を存分に支配する意図があるのではないか。これは先年阿片《アヘン》戦争によって清国《シンこく》の香港《ホンコン》を割取《かっしゅ》したイギリスの行動が実証するところで、一旦アメリカの要求に応じたならばイギリス・ロシアそのほか諸国にも開港しなければなるまい。かくては日本の国力も尽き、人民も困窮するのは必然である。開港を拒絶すると同時にほどこすべき当面の策は何であろうか。

何分和蘭《オランダ》に仰付けられ工人《こうじん》御召寄せに相成り、西洋制にならい兵艦御造立を以て諸国にも相備わり候様仰付けられ、かつ砲製の儀新渡《しんと》、精密の法益ゝ諸国に相行われ候様急速に命ぜられたし。もとより大城下輻湊《ふくそう》の戸口等減少の御仕向けに相成候はば、只今戦闘に及びて勝算とぼしく候とも、終《つい》には御備えも相立ち申すべく候。もし権宜《けんぎ》の御許しと唱え年限の交易差明《さしあ》けられ、其間を以て海防御設け仰せ付けられ候とも、昇平久しく相続き候習いにて、流幣《りゅうへい》の廉多端《かどたたん》に相成り候儀に付、当時の機会御失い御座候時は人気も振い立ち申すまじく、幾年を経候ても御備え相立ちがたく、安からざる時勢に相至り申すべし。

東洋のおそれたもの

アメリカの強要は拒絶し、オランダを通じて西洋の科学と技術とを輸入し防衛の強化をはかるというのは、当時としては現実的な意見ではなかったかもしれない。この見解は逐次《ちくじ》修正されねばならなかったが、草案者東洋のおそれたのは、一時の難を避けることによって生ずる国民士気の退潮《たいちょう》であった。このことは当時のすぐれた指導者たちに共通する考え方だったのである。

世論と幕府のぶらかし策

諸大名のうちには彦根の井伊直弼、薩摩の島津斉彬《なりあきら》・筑前の黒田斉溥《なりひろ》のように積極的開港意見書を建白したものもないではなかったが、多くは世界の実情にうとく、独善的な見解にとらわれて開港に反対した。水戸の烈公斉昭《なりあき》は国論振起を目的とする政策的拒絶論で、東洋の起草した容堂の建白に類似するものであった。幕府当局はその取捨《しゅしゃ》判断にまよい、結局勘定奉行川路左衛門尉（聖謨）の冷評した「ぶらかし」策を用意するほかはなかったのだ。将軍家慶は混乱のさなか六月二十二日に病死して、嗣子家定には十一月二十三日将軍宣下があり、その典礼や国政多端を理由に長崎在留のオランダ人を介してアメリカ使節の再渡来延期をもとめたのであるが、そのような要求が容れられるわけもない。

ロシアとアメリカ

アメリカのみならずロシア使節プウチャーチンも軍艦四隻をひきいて七月十八日長崎に来港し、修好条約の締結を幕府にもとめた。十月二十三日になって退帆《たいはん》したが、十二月五日には再び来港、翌年正月八日まで滞泊している。その間、ロシア人は日本に対するアメリカの野望《やぼう》を告げ、暗に対日援助の用意あることをほのめかし、恩を売る風が見えた。日本にとっては、まさに前門の狼、後門の虎ともいうべきものであった。

日米和親条約の締結

アメリカ艦隊は日本退去後香港を根拠として南シナ海にあり、琉球に寄港して翌安政元年(一八五四)正月十六日にはペリーの坐乗《ざじょう》する旗艦サスクェハナ以下七隻が金沢沖(神奈川県)に投錨《とうびょう》した。幕府当局はあらゆる手段をつくして開港延期の交渉をかさねたが、ついにこの威容《いよう》の前に屈し、三月三日和親条約に調印したのである。いわゆる神奈川条約で、長崎のほかに新らしく下田・箱館を開港すること、漂民の救済、必需品の供給、開港地における外人遊歩地区の設定、最恵国約款《さいけいこくやっかん》、不開港繋船《けいせん》の禁止、領事駐在などをとりきめたもので、この決定までには複雑ないきさつがあったのはいうまでもない。この結果ロシアの要求も拒絶することができなくなり、十二月二十一日下田で和親条約に調印し、イギリス・オランダまたフランスもこれにならい、鎖国日本の夢はやぶれた。これは新日本誕生の陣痛期といえるだろうし、したがって、その苦痛が維新日本の姿であったともいえるだろう。

五　海岸警備と砲台

幕府の海防督励

江戸幕府は神奈川条約を締結するまで防衛問題を無視したわけではなく、江戸近海防禦のために旗本や諸大名の手兵を動員して非常にそなえ、品川には砲台築造をはじめた。特に海辺の諸大名には緊急警備の令を伝え、防衛のために最善の努力を要請した。東西九十九里といわれる長い海岸線をもつ土佐藩の場合、その施設を強化することは身にせまる問題である。吉田東洋も前年提出した「時事五箇条」の一節にこれを切論《せつろん》したことを想起しよう。

東洋と海防策

東洋は沿岸防禦《ぼうぎょ》の策として、その拠点に東西要地を選定し、郷士《ごうし》や地下浪人を動員するばかりでなく、民兵を徴募する策を進言していた。いまこそその策を実施せねばならない時機であり、またそれを推進し得る地位をもあたえられていたのである。

郡府増設

嘉永六年（一八五三）九月に実施した郡府増設がその第一著手であった。従来土佐藩には高知城下におかれた郡奉行が安芸・香美《かがみ》・長岡・土佐・吾川《あがわ》・高岡六郡の民政を管掌し、中村に幡《は》多郡《たごおり》奉行を特設して西方に偏在するその地方民政にあたらせていた。これを改めて安芸郡の田野、長岡郡の赤岡、高岡郡の須崎にそれぞれ増設し、土佐・吾川・長岡は三郡をまとめて高知に奉行所を置いたのである。各奉行はその地区の民政のみならず異国船打払用を兼任し、付近の郷士・地下浪人を指揮する任務を与えられた。

海防部署

土居持ち（郭状の住居）の家老もまた防衛地区を分担するのだが、当時の部署をみると、西部の宿毛《すくも》から柏島までは家老山内太郎左衛門、小満目《こまめ》から鈴浦までは幡多郡奉行、与津浦から野見浦までは高岡郡奉行、久通《くず》浦から新居《にい》浦までは深尾鼎《かなえ》、仁ノ村から長浜までは土佐郡奉行が分担している。中部の浦戸・種崎・仁井田の三浦は年番の家老三組をあて、十市《とうち》は年番の中老一組が警備し、東部は前ノ浜から手結《てい》まで香美郡奉行、和食《わじき》浦から大山浦までは家老五藤主計、それより以東唐浜から甲浦《かんのうら》までは安芸郡奉行が担当する定めであった。

民兵制度の実施

要員の不足を補うために安政元年（一八五四）九月には民兵制度がしかれた。海岸地帯の漁夫や農民から強壮な壮丁を募り、生業の余暇に訓練したもので、この制度も東洋のかつての献策を現実に採用したものである。

大砲鋳造

防衛のための銃砲火器もまた整備せねばならなかった。嘉永六年（一八五三）十月には城下鍋焼《なべやき》に鋳砲場を設けてさかんに大砲をつくり、翌年八月には砲術家田所左右次《たどころそうじ》と池田歓蔵《かんぞう》を鹿児島に派遣した。先進的な島津氏の反射炉設備や大砲鋳造の実情を視察するためであった。

蒸気船模型の製作

江戸では佐久間象山門下の松代藩士蟻川《ありかわ》健之助を十五人扶持でまねき、在府藩兵の洋式訓練をゆだね、また長崎の技術家本木昌造に依頼して蒸気船の模型を製作した。七－八人を収容する程度の模型にすぎなかったが、別に船大工数人には築地で洋式帆船製法を伝習させている。防衛力強化のために西洋の科学と技術との習得にはこのような積極性がみられた。

江戸湾警備と浜川砲台

アメリカ艦隊の脅威《きょうい》をもっとも直接に感じたのは江戸付近であった。幕府は諸藩に指令して出兵させ、防衛地区を定めて万一を警戒したが、土佐藩も府外品川付近の警備をうけもち、幕府の許可をうけて浜川に砲台を築いた。安政元年(一八五四)正月二十一日に足軽七十人を動員して著手、翌日には早くもその大体が出来あがるといった程度のもので、恒久的な施設ではない。設計者は下曽根金三郎門下の砲術家徳弘孝蔵、高さ三十七―八間、幅は二間余、砲門八ヵ所の簡単な設備であった。補強工事はその後も引続いて行われ、二十九日になって大砲の備付けが完了、二月七日には武者溜りが落成し、長さ六間、幅二間半、高さ九尺の防弾堤も築かれ、一応その完成をみたのである。

品川のかためめの出しのよくきくは　下地もうまくなれし土佐武士

江戸のしゃれものが作ったという狂歌でもわかるように砲台の評判はわりあい良かったけれども、所詮《しょせん》は気休めにすぎなかった。警備の侍大将寺田左右馬の日記によれば、将軍家の備えとても浜御殿にやっと三十門ばかりの大砲が見えるだけだ。一帯の海岸は大小諸侯をひたすら頼りにするありさまで、薩・長・肥前などの雄藩はいざ知らず、一般はお粗末なもので、第一大砲の数がすくない。わが目にさえさりとはと思うほどだから、海上の夷人どもが遠眼鏡でのぞいたら失笑するだろう、と慨歎しているのである。品川沖にたむろする黒船をながめて鎖港・攘夷を論じ、悲歌《ひか》慷慨《こうがい》する血気の壮士もいたが、あまりにも相違する彼我の装備であった。幕府当局も武力抗拒《こうきょ》の到底不可能なのを察知し、つとめて諸藩兵の暴発を抑制しながら交渉を進め、ついにアメリカの開港要請をうけいれたのである。いや、うけいれざるを得なかったのだ。浜川砲台の土佐藩警備兵も二月十七日になって幕府の指令により撤退した。

六　藤田東湖を識る

東洋、容堂の江戸参勤に随う

安政元年（一八五四）は容堂の参勤年番であった。正月早々江戸はアメリカ艦隊の再渡来をむかえて混乱を続けている。和するか戦うか、風雲をはらんだ江戸にむかって容堂が高知城を後に参勤の途についたのは三月四日のことで、北山（四国山脈通り）を越えて大坂経由、東海道の旅を続けて江戸鍛冶橋《かじばし》の藩邸に着いたのは四月三日であった。時局重大と見て、奉行職福岡宮内と大目付麻田楠馬を二月十三日に先発させ、同二十四日には仕置役吉田東洋と側用役小南《こみなみ》五郎右衛門（良和）が発足《ほっそく》した。東洋の江戸着府は三月二十二日で、五郎右衛門はこれに一日おくれて到着し、容堂の出府を迎えたのである。

小南五郎右衛門と東洋

同行の小南五郎右衛門は当年四十二歳、東洋より三歳年長である。かつて豊熈に大目付として用いられたことがあるが、その直情勁行《ちょくじょうけいこう》が周囲にうとまれて職を退き、雌伏すること六年、東洋の再起用と前後して側用役に任命、容堂に近侍することになった。少壮時代に若州（福井県）小浜の儒臣山口管山に入門して望楠軒（浅見絅斎学派）の学統をうけ、尊王思想に徹していたし、学問の道ですでに東洋とは知己の関係があったらしい。前年五郎右衛門が松田思斎所蔵の頼山陽遺著『新策』をたずさえて東洋を訪問し、その跋文を依頼したことがある。東洋の『静遠居類稿』には、「跋山陽先生手書新策」一篇が収められてあって、二人の交渉が新しいものでないことがわかるのである。容堂が内に謹厳な五郎右衛門を侍せしめ、外に活達な東洋を配して各〻その長所を発揮させたことは、その人使いの用意の非凡さを示したものと認めなければならない。

東洋も五郎右衛門も江戸の諸名流に交際して、これを容堂に紹介してたがいに時勢を知ることにつとめた。四月九日東洋は佐久間象山を訪問したが、不幸にもその日象山は罪を獲て面会することができなかった。長州の吉田松陰が品川沖のアメリカ軍艦によって海外に密航を企てたことが発覚し、象山がひそかにその計画を支援したことも暴露したために松代に禁錮《きんこ》されたのである。このことは東洋にとって千歳の恨事であったらしく、後日東洋もまた罪によって謫居《たっきょ》の日、詩人森田簡夫《かんぷ》の象山を詠じた七律に左の評語を寄せた。

東洋曰く、象山は豪傑にして罪に陥るの愚と同じ。而して簡夫敢えてその人才の想見《そうけん》すべきを忘れず。余もまたかつて象山を訪う。その譴《とがめ》を蒙るの日に会して相見るを得ず。今この詩を読み益〻以て憾《うら》みとなす。

藤田東湖に傾倒す

象山に面会する機会はうしなったが、水戸の藤田東湖と相識ることができたのは東洋にとって会心事《かいしんじ》であった。横山湖山(巻、近江の人)から東湖の『常陸帯《ひたちおび》』を得て感激したのが動機で、ある日小石川の水戸邸に東湖を訪問、一見してその人物に傾倒《けいとう》したのである。席上水戸斉昭幽閉の前後を語って腕をこまぬき悲涙をたれる東湖の忠情にうたれ、これを容堂に紹介することになったのであるが、東洋はこの感激を左のごとく『常陸帯』の跋に書いている。

忠義の気凛乎《りんこ》として眉宇《びう》に溢《あふ》る。予その為人《ひととなり》を偉となし、帰って之を我が公に勧め、かつ此書（『常陸帯』）を奉じて電覧に供す。公すなわち秋《しゆう》（東洋）をして斌卿《ひんけい》（東湖）を招かしめ、親しく論議を聴く。

東湖と山内容堂

東湖が容堂に面謁したのは五月九日のことで、その『甲寅日録《こういん》』には、「是日吉田元吉（東洋）を訪う。羽倉・塩谷《しおのや》と同じく土佐侯に謁す」と書かれている。伝によると、容堂は『常陸帯』を読んで心をうたれ、頻りに東湖を引見しようとしたが容易に東湖の腰があがらない。東洋は策を設けて羽倉簡堂・塩谷宕陰《しおのやとういん》とともに鍛冶橋藩邸の官舎に招待し、その来邸を待って強引に容堂の書院につれて来た。座につくと東湖はいきなり、「今日は吉田氏にあざむかれた」と失笑したという。近臣寺田左右馬の書いた日記には、「三層楼上において酒を下され、和漢古今沿革の事、且つ西洋夷虜《いりよ》の談より方今《ほうこん》海防の事など御物語り申上げ、夜更けて退

東湖、容堂を評す

く」と見え、相当話がはずんだことが想像される。戦国時代の英雄談になって、容堂は側用役小南五郎右衛門をかえりみ、「余は誰れになぞらえられるか」とたずねた。五郎右衛門は思案して、「恐れながら毛利元就か」とこたえると、容堂は鼻じらんで、「元吉ならば織田信長と申すべし」という。東湖がそばから「おにゃくい、おにゃくい」(若い未熟の意)と笑ったので、容堂は癇にさわったものか腕をまくって、「一丁腕相撲」といどんだ。東湖も「お相手申す」と膝を進めたが、五郎右衛門がそれをさえぎって、「今日先生を招きたるは政道御指南のためなり。無用の腕押し沙汰は慮外至極」となじると、東湖は身を引いて平伏し、「酔余の御無礼、よろしく御執成《とりな》しを」と侍座の一人渡辺弥久馬(後年議定斎藤利行)に会釈《えしやく》した。こんな座興もあって、東湖は「容《いるる》レ衆《を》者《は》人君之徳也」の八字を書いた(『鯨海酔侯』・『容堂公記伝』)。容堂の号はこれによったものだと伝えられている。八月四日武田耕雲斎によせた東湖の手紙には、「土佐侯余程有志のかがし、未だ木の葉にて」と軽くみているが、同十四日の手紙では、「去る六日土佐侯へ招かれ罷出で候処、先達てよりは一段人物見直し感心」と褒《ほ》めあげ、「高貴の御方には我々ごとき蟄居《ちっきょ》あがりのものなど御招きなされ候儀、実に非常の御儀」と感激の情をもらしたものがある。

橋本左内も後年容堂の知遇を得た一人であるが、安政四年（一八五七）十一月九日越前藩士村田巳《み》三郎にあたえた手紙に、「土侯の学問、東湖の風御学びなされ候御様子御自身より毎々御話し御座候。其磊《らい》落《らく》剛果、中々列藩侯中第一」と推《すい》重《ちょう》し、天下に人物なしという傍若無人《ぼうじゃくぶじん》さだが、「ただ東湖一人には御感服の御様子」とも観察しているが、それほどに容堂は東湖に感化されたらしい。

東洋に対する東湖の評言

東湖はまた小南五郎右衛門を、「古大臣の風あり」とその謹厳ぶりを評している。ある日五郎右衛門が所用あって東湖を訪問すると、東湖は「吉田氏の容堂侯を輔佐するのはあたかも悍馬《かんば》に鞭を加えるようなもので危険きわまる」と東洋を批評し、また「つらつら彼の容貌をみるに眼中に殺気をふくんでいる。遠からず不慮のことが起るかも知れない」と注意した（福島成行著『吉田東洋』）そうで、はからずもこれは東洋の運命を予言したものであった。それから間もなく東洋は松下嘉兵衛に暴行を加えた事件で土佐に追還《おいかえ》され、流謫《りゅうてき》の数年を送らなければならなかったのである。

七　江戸邸異変

江戸上屋敷の酒宴

東洋は六月十日の夜鍛冶橋藩邸の酒宴に出席した。主賓は山内家の一門で麻布に住む山内遠江守（豊賢）と親戚の五味靫負《ゆきえ》（豊済）・松下嘉兵衛（重光）の三人で、東洋は小南五郎右衛門・渋谷伝・麻田楠馬・寺田左右馬らと接待のために出たので、五郎右衛門だけは、「酒は不調法なれば」と挨拶してはやめに退座した。

松下嘉兵衛の酔狂

酒が進んで座が乱れると、松下嘉兵衛の酔狂がはじまった。酔うと人の頭をたたくのが癖で、座を立って渋谷伝の頭をたたく。それを見て容堂は不興げだが、なにしろ相手は藩主家の親戚のうえに将軍家の旗本なので、伝はとがめることもできない。図に乗った嘉兵衛は東洋の前に来て「こいつ何の役にも立たぬ男だ」と頭に手をかけた。東洋はぐっと身をそらして、「何をなされる。拙者は一命を土佐守にささげて藩政をあずかるもの、拙者への無態《むたい》は土佐守を辱《はず》かしめるもの」と、嘉兵衛の頭をなぐりつけた。おどろいた嘉兵衛が「これはあやまった」と詫《わ》びたけれどもすでにおそい。容堂は無言で席をたつし、酒座は白けて来客は気もそぞろに退散した。寺田左右馬の日記には、「嘉兵衛様酩酊、元吉大いに不敬、御宴席不興甚し」とあるが、当の左右馬もその時は肩衣《かたぎぬ》を着たままで酔臥していたと伝えられているから、座席はかなり乱れていたと思われる。

東洋、嘉兵衛を懲らす

処分評議

不慮の騒動で酔いもさめはてた左右馬はすぐに小南五郎右衛門を訪問した。渋谷伝も駆けつけて相談の結果、五郎右衛門は容堂の寝所に伺候して東洋のために陳情したが、容堂の機嫌がよろしくない。内実は東洋の心情を聞いて涙を流し、「元吉の申すところたのもしく思う」と伝えたそうだが、それは表に出すことが

東洋への世論

できなかった。翌日になると松下家からは如才《じょさい》なく東洋のもとへ、「酒興の不始末あしからず」と挨拶がある。こうなると松下家に対する義理もあるし、東洋をどう処分するかが問題になった。江戸留守居役坪内求馬などは、「あっぱれな元吉の振舞、一藩の士気振起のために知行加増も然るべし」と論じたが、一般は君前をもはばからざる不謹慎の所行と認め、参政の職をとりあげて国元へ追還すという意見で容堂の裁決をうけた。寺田左右馬は東洋の親戚にもあたり懇意の仲だったが、六月十一日の日記につぎのように書いている。

元吉昨夜の不敬に座せられ官を罷《や》め、御国許へ差返さる。吉田氏余旧（旧交の略）有り、今暫く同僚にて江戸にあり。才能素よりあり、しかのみならず学力あり。然るに性驕《きょう》慢《まん》、独り智を用いて人の言を容れず。事を断ずる苛《か》酷《こく》多し。余あらかじめ今日あらんことを知る。果して然り。

この批評は、かつて藤田東湖の東洋にあたえた警告と一致するものであった。

ワンマン的な性格や行動に同僚のねたみもあったことが考えられるし、そのころ江戸藩邸内で作られた戯作《げさく》に、「吉田元吉頭もこくが、数寄屋小橋で伊達《だて》もこく」というのがあった。こくというのはたたく、もしくはなぐることを意味する土佐の方言である。東洋は「なぐったのではない、撫《な》でたのだ」と弁解したそうだが、あの気性であの見幕《けんまく》で撫でたものとは考えられない。頭を「こいた」ことを「伊達こき」に通わせたもので、東洋は身の廻りを気にするしゃれものだった。そればかりでなく数寄屋町の小間物店で装身具を求めては奥向きの女中に贈り、その機嫌をとりむすぶという説もあってそれを白い眼でみる人もあった。

容堂は酒が好きでよく飲んだ。江戸在勤中東洋もその相手に出ることがあったが、あるとき膳部の肴をみて、「これはとぼしい。私どもが寝酒をたべてもこの程度では満足できない」と容堂に話しかけた。側には用役の寺田左右馬がいて、「御省略の時節ゆえ、詮議した結果かくきまったのだ」と説明すると、容堂はにやにや笑って、「両人議論いたせ」ともちかける。左右馬は「議論は致しますまい」と辞退してその場はすんだが、腹のうちはおさまらなかった。東洋もこの詮議は認めてすでに決定していることを裏返して、こんな発言をするのは自分の権威を輝かすためだろう、奸佞《かんねい》の仕業《しわざ》だ、と左右馬は不平満々の態《てい》で友人に語ったそうで、この説話は前出の『寺田日記』と相通ずるものがあるし、東洋失脚の裏面には平生かれを不快視する周辺の風あたりが案外強かったことも想像される。

東洋土佐に追還せらる

東洋は、六月十四日に江戸を出発して帰国の途についた。東海道を下って大坂についた時、江戸に残った渋谷伝《つたえ》に送る手紙を書いている。「嚮《さき》に我が公の宴客あるや、某君酒を使つて坐を罵《のの》しる。僕、足下と同じくこれに侍し、而して同じく辱《はずか》しめを被むる。足下は隠忍して言わず。僕は忍ぶ能わずして之に折辱《せつじょく》す。身に尊卑の分ありといえども、頓首して遁れなばすなわち国威を損じ士気を傷《そこ》なわん。我が公の僕を遇する所以《ゆえん》の意にあらざるなり。足下よりこれを視れば必ず不可とせん。蓋し足下の意は身を留めて以て公を輔けんと欲するなり」と述べたものがあるが、東洋としては自《みずか》ら悔なき行動であった。

僕、参政を以て辱しめを被むる。いずくんぞただ己の辱しめのみならんや。我が君賢明、必ず能く僕の心事を諒せん。いわんや僕、恩を感ずること深し。七尺の軀久しく己れを我が君に許し、常に自ら誓う、もし変異あらば心血をそそいで万一を報いんと欲す。而して譴《とが》の軽重何ぞ云うに足らんや。

他日の報恩を期待して高知に帰り、謹慎して罪を待ったが、八月十二日になって「上を憚らず不心得の至り」という理由のもとに格禄を取上げられ、城下四ヵ村禁足の処分をうけた。

追放の処分

格禄二百石のうち百五十石は嫡子《ちゃくし》源太郎にあたえられ、馬廻りの格式もそのままに許されたのは、東洋に対する容堂の慈恵だったのである。

八　少林塾の人々

朝倉の幽居に歎く

参政の職をうばわれて土佐に帰った東洋は、その家に住むことも許されず、安政元年（一八五四）八月十二日城西一里余、知行所のゆかりをもとめて朝倉の一農家に身を寄せることになった。家に残るのは七つになる娘の正《まさ》と三つになる源太郎、その母は病床に患《わずら》っている。さいわい医師の田村玄澹と沢村道益が看護にあたっているので後事を托することはできたが、東洋の心は暗かった。

当時の心境をのべた詩のうちに「人縁猶《なお》いまだ捐《す》てず、茫々《ぼうぼう》たる塵寰《じんかん》（塵の世、俗世間）の裏。病妻の情憐《あわ》れむに堪《た》えたり、三齢・七齢の二児膝前《しつぜん》に侍《じ》す。阿爺《あや》（父）独り恃《たの》むべし、一夕左遷に遇《あ》う。妻は泣き児もまた泣く、心緒《しんちょ》空しく纏綿《てんめん》（乱混）す」と悲痛を訴えたものがある。不日《ふじつ》妻の病気も快癒して心も安らぎ、読書や詩作に想をこらして深みゆく秋をむかえた。左に掲げるのは朝倉の民舎に得た詩作の一つである。

天窮《きわ》まり人厄《やく》して農家に寓す
野《や》村《そん》橋を通じて一径《いっけい》(一筋の小道)斜めなり
紅葉未だ 紅《くれない》ならずして白雪に逢う
満畦《まんけい》(畑一面)の蕎麦《そば》、月前の花

長浜柁ケ浦に転住す

朝倉に住んだのは五十余日に過ぎず、東洋は十月五日になって長浜の柁《かじ》ヶ浦に移った。高知城の南方約二里、浦戸湾に面して気候はおだやかだし風光はうつくしい。程近い長楽院には旧識の詩僧月暁《げつぎょう》が住み、時々往来して風流韻事《いんじ》をたのしむことができたばかりでなく、城下の妻子もおとずれて憂《うれ》いを忘れることもできた。「清夜月は酒を扶《たす》け、寒厨《かんちゅう》(貧しい台所)妻は鮮《せん》(鮮魚)を撃つ。濤声《とうせい》は山下に砕け、帆《はん》影《えい》は窓前に落つ。到る処佳景に逢う。君恩もとより偏《かた》よらず」と喜んだのも束の間で、十一月五日には大地震に襲われた。災害は高知城下をはじめ土佐一円にわ

鶴田に新居を営む

たって甚大だったが、東洋は妻子とともに危難をのがれ、これを機会に新居を程遠からぬ鶴田に営み、翌年四月そこへ移った。心待ちした赦免の沙汰もないままに永住の覚悟をきめ、帯屋町の静遠居《せいえんきょ》の名も新居にうつして読書の余暇には門生をあつめて講学もした。これを少林塾と呼んだのは長宗我部元親《ちょうそかべもとちか》の菩提寺《ぼだいじ》、少林山雪蹊寺の山号をとったものである。

少林塾につどう人々

少林塾には優秀な青年が集まった。東洋の義姪《ぎてつ》(義理のおい)後藤象二郎をはじめ、福岡藤次(孝弟)・神山左多衛(郡廉)・松岡七助(時敏)は明治時代に生きてそれぞれ頭角《とうかく》をあらわしたもので、そのほか市原八郎左衛門・福岡精馬・麻田楠馬・奥村又十郎・野中太内・長沢又七郎・大崎健蔵・岡本小太郎・小笠原健吉・間崎哲馬・岩崎弥太郎らがあった。異色のあるのは間崎哲馬で、号は滄浪《そうろう》、のち土佐勤王党に投じて東洋に対抗する位置に立ったが、その経済策や海軍論などは非常に進歩的なもので、東洋の思想をうけたものが多い。岩崎弥太郎は郷士であった。後藤象二郎のために代作した貿易論によって東洋に認められ、その恩顧をうけたものであるが、後日航海業をもって三菱会社を経営し、明治の日本財界に君臨したのも、東洋の影響によるものであった。

市原八郎左衛門や野中太内・大崎健蔵らは非凡の才をいだきながら党派抗争の中にあって逆境に埋もれ、あるいは非命《ひめい》に死んだものもある。少林塾生のみならず、東洋の識見と材幹をめぐってこれに依頼し、追随するものもすくなからず、これは新興勢力としてすでに成長しつつあった。天保の「おこぜ組」を回顧して、世間の一部ではそれを「新おこぜ組」と呼んだのである。

第五　新おこぜ組

一　時勢はめぐる

長浜鶴田にいつ許されるともわからない罪の身を謹しみ、少林塾にあつまる人々のためにわずかに志を伝える東洋にとって、幾年月はむなしく流れたが、その間にも歴史の歯車はすさまじい音を立ててきしんでいた。安政元年（一八五四）十一月五日土佐におこった地震では東洋たちは無事だったが、翌年（一八五五）十月二日には

江戸大地震と藤田東湖の死

関東地方が地震に見舞われて江戸では非常な被害をうけた。この凶報にまじって強く東洋の心をうったものは藤田東湖の死である。崩れおちる屋根の下で、五十歳を一期《いちご》に惨死したので、後年塩谷宕陰《しおのやとういん》によせた東洋の手紙にはこれを痛恨《つうこん》し、

生前の戒告を想起したものがある。

嚮《さき》に藤田翁また僕を戒しむること甚だ厚かりき。僕肯《がえ》んぜず。翁、僕の肯んぜざるを見て曰く、足下の禍を得ると得ざるとは実に貴藩の盛衰に関すと。僕また肯んぜざる也。

東洋は東湖の戒告にしたがわず、おのれの所信をつらぬこうと試みたが、はやくも世を逐われて配所の月をながめねばならない境遇におちている。「自ら量《はか》らずして毅《き》然《ぜん》事に任ぜんと欲す。愚もまた甚しいかな」となげいているが、それだけに東湖の先見に心服させられたのであろう。

外交問題の展開

江戸も土佐も古今にまれな天災地異《ちい》に苦しめられたが、日本の政治と外交とはそれにもまさる苦しい立場になやまされていた。神奈川条約締結以来、幕府の権威はすでに昔日《せきじつ》のおもかげはなく、その軟弱外交は国民のきびしい批判の前にさらされている。条約によって安政三年（一八五六）七月にはアメリカの総領事ハリスが

京都と江戸との対立

来任し、翌四年(一八五七)三月には日本とアメリカとの通商を規定する下田条約が締結された。これらの条約については京都朝廷に強い反対の意見がおこり、国学の思想をうけた民間有志の支持があって、開港問題をめぐって京都と江戸との間には次第に溝が深められている。開港か鎖港かの論議は尊王か佐幕かの方向へと転進をみせ、国内勢力の対立にむかっていた。

将軍家定は病弱でこのような危局をさばく能力に欠け、これを相続する嗣子も生まれていない。このために将軍継嗣の問題もおこり、藩主容堂は気鋭《きえい》にまかせてこの渦巻のなかへとびこんだのである。

二　安政戊午《ぼご》の獄

容堂将軍継嗣問題に介入す

容堂が将軍継嗣問題に関係したのは安政四年(一八五七)十月からのことであった。越前藩主松平春嶽(永慶)と相識り、その勧誘に応じたもので、春嶽は早くから水戸烈公（昭斉）の子一橋慶喜《ひとつばしよしのぶ》の人物の非凡さに望みをかけ、島津斉彬《なりあきら》とはかって老中阿部正弘を説き、ひそかにその時機を待っていたのである。これに対して彦根藩主井伊直弼は、紀伊宰相徳川慶福《よしとみ》が将軍家に血縁が深いという理由でその擁立をはかり、一橋派と紀州派はたがいにその成功をねらって反目していた。そのうち阿部正弘が病死し、支柱を失った一橋派は陣営強化のために容堂を誘ったのである。容堂の識見と勇気を見こんだものであるが、その夫人が京都朝廷に時めく三条実万《さねつむ》の女子であったことも春嶽の考慮にふくまれていたことが想像される。

京都朝廷の硬論

京都朝廷では排外的な意見が強く、幕府の外交政策に対しては常に強硬態度をとることが要望されていた。幕府も日米通商条約調印を前にして勅許を得ることが国論統一のために有利であることを考え、老中堀田正睦《まさよし》が勅許奏請の使命をおびて京都にのぼることになったのである。容堂はこの機をつかんで堀田老中を訪問し、一橋慶喜を将軍継嗣とすることの必要を説き、春嶽の運動と相まってほぼその賛成を得ることができた。外様大名として将軍家の継嗣問題にふれることは分外のふるまいであるが、裏面には条約勅許の問題を幕府のために有利に導くことが交換条件になっていたことが考えられる。容堂の外交に関する認識もペリー来国の当時からみれば数歩を進め、内外の情勢から判断して「開港やむを得ず」と認め、むしろ西洋の学術知識を積極的にとりいれることによって富国強兵の実をあげることを念願していたのである。先覚者として知られた越前藩士橋本左内の京都潜行にあたり、これを三条実万に紹介したのも、腹臣大脇《おおわき》興之進を京都に派遣したのもみなこの目的にそうものであった。すなわち幕府の条約勅許奏請を側面より援助することによって、一橋慶喜の継嗣運動を推進することを期待したのだが、朝廷の対外強硬意見は容易にくずれず、他方紀州派は幕府大奥とむすんで実質的にその陣営を固めていた。

大老井伊直弼の独裁

安政五年(一八五八)四月紀州派の井伊直弼が大老になるにおよび、六月十九日には

密勅降下運動

勅許を待たず日米修好条約に調印したばかりでなく、二十五日には紀州慶福《よしとみ》（家茂に改む）を将軍家慶の継嗣と定めることを発表した。この思いきった処置はまったく世論を無視したもので、反対派を狼狽させると同時に憤激させた。井伊大老はこれを制圧するために七月五日烈公水戸斉昭に謹慎を命じ、水戸藩主徳川慶篤と一橋慶喜は登城停止、松平慶永は隠居謹慎の処分をうけた。一橋派の有志はこの断圧に対する反撃をくわだてた。朝廷にすがって幕政改革の密勅を水戸藩に請下し、勤王諸藩の協力によって井伊大老を排撃しようという陰謀である。この陰謀は水戸・薩摩の有志を中心として推進された。薩藩士有馬新七は密勅の写しを容堂に届けるために京都から江戸へ下ったものだが、その『都日記』によれば、同藩士堀仲左衛門、越前藩士橋本左内・三岡石次郎（後由利公正）、長州藩士山県半蔵、土佐藩士橋詰明平らとはかって大老暗殺を計画し、西郷吉兵衛（隆盛）らは義兵をあつめて京都御所を守り、勢いに乗じて大老の居城彦根、また老中間部詮勝《まなべあきかつ》の鯖江《さばえ》城を衝くことを計画したという。薩藩主島津斉彬はみずから兵を率いて京都に上り、朝廷を擁して幕政改革をうながす覚悟だったが、鹿児島出発に先だって七月十五日に病死、これに期待をかけた四方の有志を落胆させたという説もあって、これらの風説は極度に幕府を緊張させ、ついに戊午《ぼご》(安政五年)の獄がおこされた。

安政の大獄起る

京都所司代酒井忠義は、井伊大老の命をうけて九月七日まず梅田雲浜《うんぴん》(源次郎)をとらえた。老中間部詮勝もまた入京して水戸の鵜飼吉左衛門とその子幸吉をはじめ、一橋派の有志をつぎつぎに逮捕した。西郷吉兵衛(隆盛)は僧月照とともに大和に走り、ついに故郷薩摩にのがれたが、進退に窮して十一月十六日御舟沖《みふねおき》に投身している。西郷は救われて蘇生したが、月照は死んでしまった。捕縛・拘禁《こうきん》は在野の儒者・浪人から、有栖川《ありすがわ》宮家の飯田左馬、青蓮院《しょうれんいん》宮家の伊丹《いたみ》蔵人や山田勘解由《かげゆ》、三条家の森寺因幡守父子や丹羽豊前守・富田織部らにもおよび、無力な朝廷はこれに対して抗議することも阻止することもできなかった。

幕府の圧力は当然容堂の身辺にもせまって来た。はじめ水戸烈公や松平春嶽が退けられた時、容堂もまた井伊大老ににらまれていたが、累《るい》を外様大名におよぼす不利を説くものがあってその処分をまぬがれた。それも一時にすぎず、大老は一橋派の宇和島藩主伊達宗城《むねなり》が井伊家の縁戚だった関係から、これを説いてまず宗城を隠居させ、伊達家と山内家の親しい交わりをたどって宗城の口から容堂に隠退を勧めさせた。十月六日のことで、翌々八日宗城によせた容堂の手紙には、宗城の好意的勧告にしたがって進退を決する覚悟を告げたものがある。

山内容堂の隠退

足下御退策《ごたいさく》御決心、小生も一昨夜已来《いらい》反覆勘考仕候処、勿論足下同様退策を以て上々策と仕候決心故、左様御安心下され度、尤も決心云々は家臣共へも未だ吐露《とろ》仕り申さず。薩兄（島津斉彬）は黄泉《よみ》におもむき、越兄（春嶽）はすでに閉居《へいきょ》、足下また退策御決心、此の如き世界小生何の面目御座候てうかうか世に出居《しゅっきょ》申すべきや。万一機会を失ない退きかね、幕より厳譴《げんけん》蒙り候様にては、養子の身分祖宗已来代々の者へ大不孝にも相成るべし。

容堂はこのように覚悟をきめ、隠退の時機と理由、その手続きについて苦心した。このような一家一藩の浮沈興亡にかかわる重大問題に直面して、容堂を輔佐し得るものは東洋のほかにはもとめられなかったのである。

三　東洋再び参政となる

時勢は人材を求める

世相のけわしさは人材を求めた。すでにその才幹を世に認められた東洋のごとき人物を野におくことは世論が許さなかった。江戸の名儒塩谷宕陰は東洋の世に埋もれているのを惜しみ、ひそかにかれを松平春嶽に推薦したといわれる。春嶽はそのころ肥後の逸材横井小楠をまねく用意もあったし、このことを容堂に告げた。容堂とてもかねて東洋をふたたび起用することを念願していたので、これを他に譲ることは好ましくない。たまたま東洋処罰の因をつくった松下嘉兵衛からも赦免希望の申入れがあったし、近習家老福岡宮内や側用役小南五郎右衛門も熱心にそれをとりなした。このことは容堂の決意をうながし、安政四年（一八五七）十二月二十一日、東洋を赦《ゆる》すと同時に仕置役に復活することになったのである。

小南五郎右衛門の周旋

東洋をふたたび世に出すことは容堂の独断では許されず、高知に隠居する豊資の諒解を得ねばならなかった。小南五郎右衛門はこのために江戸から土佐に急行して奉行職の五藤内蔵助・深尾弘人・山内昇之助を説き、これを通じて豊資の承認を得ることができた。新知百五十石、役領知三百石を得て、東洋が仕置役に復活の命をうけたのは翌五年（一八五八）正月十七日のことである。この使命をはたした五郎右衛門は同二十五日高知をたって江戸に復命したが、容堂は満足のあまり、三ツ柏《かしわ》の定紋《じょうもん》入りの緋《ひ》ラシャの陣羽織に「赤心報国」の四字を自書してその功労を賞したと伝えられる。信頼する東洋の進退にすらこれほど隠居豊資に気がねせねばならなかった容堂の立場でもあったのである。

東洋の参政復活

東洋はこのようにして参政の位置に復活することができた。容堂の恩顧に感じ、その負托《ふたく》にこたえることを心に誓って政務にいそしむうちにも、京都朝廷と江戸幕府との間にただよう風雲のあわただしさは土佐にもつたえられ、九月になると一橋党に対する井伊大老の弾圧が表面化した。容堂の身辺もまた容易ならざることが察せられたので、東洋は近習家老五藤内蔵助・大目付麻田楠馬とともに九月二十一日高知を出発、十月十日東海道宮《みや》の宿（熱田、いま名古屋市）で側用役寺田左右馬の発した飛脚便によって問題の急迫した事情を知り、翌日から早追いで急行、十五日に江戸藩邸に到着した。

東洋の江戸周旋

一橋党のために活躍した容堂の行跡はもはや弁解の余地なく、東洋の周旋もその策が尽きて、十一月十九日容堂は戸塚静海の診断書をそえて病気と称し、隠居願を幕府に提出した。東洋はその周旋をはたして十一月二十五日に江戸をたち、道中を急いで十二月六日高知に到着、養世嗣鹿次郎のために家督相続の手続きにとりかかった。幕府の疑惑を解いて無事に鹿次郎の相続をすませ、山内家二十四万石の安泰をまもることが、藩政の局にあたる東洋に課せられた最大の責任であり、義務でもあった。同時に容堂の恩顧に報いる道でもあったのである。

山内豊範の家督相続

安政六年（一八五九）正月九日鹿次郎は高知発駕《はつが》、二月十日に江戸着府、二十三日になって改めて容堂の隠居と鹿次郎相続の正式願書を幕府に提出し、同二十六日にその許可をうけた。このように順調な手続き進行の裏面には東洋の幕府に対する注意深い周旋があったわけで、鹿次郎は当年十五歳、すなわち十六代藩主山内豊範のことである。翌日容堂はその雅号を通称に改める許可をうけ、府外品川の鮫《さめ》洲《ず》に起居することになった。「閑雲流水皆わが友、初めて知る君恩この中に在るを」と容堂は隠退の所感を詠じているが、幕府は決してそのままに看過したのではなかった。昨年来拘囚《こうしゆう》した一橋党の志士はつぎつぎに罪を断じて、橋本左内・吉田松陰・頼《らい》三樹三郎・水戸藩士安島帯刀《たてわき》・鵜飼吉左衛門・幸吉父子らは死罪、または追放・押込みなどの処分をうけた。青蓮院《しょうれんいんの》宮（尊融親王）・水戸烈公（斉昭）・一橋慶喜らの蟄居・謹慎など、その処分は宮・堂上から浪士にまでおよんだ。

容堂謹慎を命ぜらる

容堂も隠退だけではその罪をまぬがれず、十月十一日慎しみを命ぜられ、万延元年(一八六〇)九月四日まで接客・文通の自由をあたえられなかった。東洋はこの情勢をみると、容堂の側用役小南五郎右衛門をいちはやく帰国させ、輔佐の任をあやまったものとして三月二日その格禄を没収して幡多郡《はたごおり》へ追放している。恩を仇で返した感があるが、これは幕府の追及を避ける苦肉の策だったのである。この前後にわたって家老福岡宮内・同桐間《きりま》将監はその知行を削って幽閉せられ、生駒伊之助・寺田左右馬・橋本伊曽江・真辺《まなべ》栄三郎など当時江戸に在勤して要職にあったものは削禄《さくろく》、城下四ヵ村禁足などの処分をうけた。越前の橋本左内や長州の吉田松陰のように幕府の手に捕えられることなく、その処分をまぬがれることができたのは、東洋と容堂との間に幕府の干渉を避けるための手段として、あらかじめこのような処置がとられていたからであった。

四　新おこぜ組と世評

東洋復活とその批判

東洋の参政復活については、それをよろこばない保守的勢力がつよく根をはっていた。隠居豊資に東洋を推薦した執政の書面のうちにも、「渋谷伝・末松務左衛門・吉田元吉(東洋)の三人は両役場(仕置役・大目付)に仰せ付けられたく、右三人の者実貞《じってい》堅固《けんご》と申すにては御座なく候えども、その能《のう》を御使い遊ばされ候時は只今の御場合しかと御用に相立ち候儀」とのべている。非常の用に立てようというだけの理由で、その人がらは推重されてない。また容堂がはじめ東洋を任用したいきさつについて、「其節は御上《おかみ》の思召御片寄り遊ばされ、右党類のみ召遣われ候様の遊ばされ方にて御正直にあらせられず、此頃大いた御後悔」ともあって、すでに東洋をめぐる党類のあったことが指摘されているが、世間ではこれを「新おこぜ組」とよんでいたのである。

新おこぜ組の由来

新おこぜ組はまた「今おこぜ組」ともよばれていた。馬淵《まぶち》嘉平を中心とする天保のおこぜ組になぞらえたものだが、はたしてこのような党類がいつ頃から形成されていたものであろうか。一説によれば嘉永元年（一八四八）十二月東洋が船奉行を辞退して閑居、それ以来東洋の学問をしたって静遠居に出入するものが絶えず、それが世人の耳目《じもく》をひいて、「新おこぜ」または「今おこぜ」のことばが生まれたものらしい。そのころ葛目《くずめ》成徳という藩士が出番の日に当って追手門へ出かけた。追手門は無役の藩士が交代して詰めることになっていて、先番は由比猪内と東洋の二人だったが、成徳が猪内に代って東洋と二人きりになった。そのうち東洋がいうことには、「今おこぜ・新おこぜなぞと世間のうわさはやくたいもないことだが、何分貴公も学問を致さぬか」としきりにすすめ、そのうちに、「君上にても学問をもって御たぶらかし申せばまことに他愛《たあい》もないことだ」という言葉が出た。成徳はこれについて、「元吉このたぶらかしの悪心常に胸中にこれあり、

東洋への世説

ついに国家を変動するに至り、身命を果たせしもその筈の事と思いける」と、後年そのことを記録している。この発言に悪意はなかったとしても、東洋が野心家だったことは首肯《しゆこう》できるし、そのために同志をもとめていたことも否定できない。

容堂の信頼はうけていたが、隠居豊資の反対が東洋の政策推進をつねにさまたげた。これをやわらげるためには、まず奥向の婦人に取入らなければならぬと考えた東洋は、ある日豊資の愛妾おみきに要談中、「まことに申上げかねるが、今日途上で煙管《きせる》を紛失した。不用の品をひとつ拝借致したい」と古きせる一本を借用、それで喫煙をすませたが、「私の口にふれて汚れたものを返上するのは失礼、いっそこの品は拝領つかまつる」と挨拶して退出した。帰宅後その礼として贈った進上物がたいへんなもので、これが愛妾おみきの甘心を得た動機だった。東洋の妻もまた少女のころ豊資の隠居屋敷に勤めたことがあり、おみきとは顔なじみだったので、東洋のために有利な取次ぎをしたらしいとの世説もあった。これなどはみな東洋を奸悪視《かんあくし》する世説の一例にすぎないけれども、このような世説がながれるまでに新おこぜ組に対する批判のきびしかったことが考えられる。

進歩派と保守派

新おこぜ組は東洋の学風をしたって集まったグループであった。沈滞した世態にあきたらず、革新的な意欲にもえる人々で、これは馬淵嘉平をめぐる天保おこぜ組と共通するものであった。革新をよろこばない保守的な人々がこれを異端視して排斥することは当然で、その私行をさぐって非議することは世俗の常である。まして東洋のごとく時を得て政権の座につき、その信念を敢行することにもなれば、これに追随しておのれの出世をはかるものもあろうし、反目嫉視《はんもくしつし》するものもあって混乱を生ずることはまぬがれまい。新おこぜ組への世の批判は、この混乱の反映ともみるべきであろうか。

第六　藩政改革

一　東洋政権と人材

吉田東洋と政権の座

新おこぜ組の巨頭として東洋は参政の座についたが、その第一期は嘉永六年（一八五三）十一月から翌年六月までの七ヵ月にすぎず、第二期は安政五年（一八五八）正月から文久二年（一八六二）四月まで四ヵ年余の長期にわたっている。野中兼山の執政二十七年（寛永一三年—寛文三年）にくらべるとその七分の一にすぎないが、近世封建制がいちおう安定しようという時期と、それが崩壊しようとする時期との相違があり、めまぐるしく転回する幕末の政局にあって確保し得た東洋の参政四年は、兼山の執政二十七年にも匹敵するものではなかったか。

容堂からの信任

東洋が山内容堂の信頼をうけてその政策を推進することができたのは、そのむかし野中兼山が山内忠義に委任されて存分にその政策を遂行したのと酷似《こくじ》している。しかし兼山には山内家につながる系図と家老の身分があり、奉行の職分も執政として最高の地位が与えられている。東洋は馬廻りの士分にすぎず、仕置役の職分は参政、すなわち執政を輔佐する地位であった。このハンディキャップのもとに東洋政権といったものを形成し、その政策を推進していくためには、よほど強固な自信と才能を必要としたであろうし、またかれを理解し支持した容堂の存在を無視することは許されない。

藩主豊範と老父豊資

安政戊午の獄に連座して容堂が隠退したのち、豊範が藩主の座についたが、豊範は温厚な性格だったうえに年少で政務になれず、非常時の太守としてふさわしい存在ではなかった。実父豊資はもはや過去の人としてこれを後見する能力を欠き、一藩の衆望は自然容堂に帰していたのである。東洋がこの容堂の信頼と支持

福岡宮内の推重に応ず

をうけているかぎり、保守派の勢力もかれの政策をさまたげることができなかった。これが東洋をしてその地位を保たせた理由と考えられる。容堂についで東洋を支持したのは家老の福岡宮内(孝茂)であった。東洋が参政に復活した当時、これを激励したのにこたえた東洋の手紙のうちにつぎのような辞句がある。

私儀浅学不才、世人の唾棄《だき》する所、久しく配所に罷在り深く自ら思慮仕候は、天賦《てんぷ》の愚魯《ぐろ》、天地間の一贅物《いちぜいぶつ》、当今の用に相敵《かな》いがたく、且つ古《いにしえ》より薄福の人事の成り候ためしこれなく、いわんや私ごとき者をや。此上は文学・経済等の議論等仕候事慙《ざん》忌《き》恐縮の至りに候えども、御赦免をも相蒙り候時は、何卒源太郎厄介に相成らず候様の含《ふくみ》を以て御暇願い奉り、大坂へ罷登り童子の師と相成り、糊口《ここう》の手段仕るべき心願に候処、今春に至り配所より御呼返しの上、以前の役儀仰せ付けられ只々恐入り候次第、殊に墨夷《ぼくい》(アメリカ人)一件今以て結案に相成らず、才を進め愚を退くるの時徒らに賢途を塞ぎ候儀実に寝食を安んじがたく、日夜焦慮《しょうりょ》罷り在り候。これらの儀、私心血《しんけつ》を注ぐ処に御座候。(安政元年四月三日書状)

勿論これは謙遜のことばであろうが、内心に非常の覚悟を示したものがうかがわれる。また東洋再起のために奔走した小南五郎右衛門の手紙に、「此度の御人選、党の相立ち候執計いのように思召され」と容堂の不安を伝えたものがあるが、これには東洋も大いに不満だった。

東洋の朋党論

党とは小人姦邪の心を以て手を組み候名に御座候。小子の為人《ひととなり》如何の御見付を以て御挙用に相成り候や。右様の思召さらに会得《えとく》仕りがたく存じ奉り候。一人の建議にて参候訳これなく、御奉行中両役場とも一和一決の上にて窺《うかが》い奉り候事、御上《おかみ》にも御存じの儀と存じ奉り候。頽廃《たいはい》を慮《おもんぱか》り因循苟且《いんじゅんこうしょ》に打過ぎ候訳これなく、因循苟且に打過ぎ候こそ頽廃《たいはい》の基に御座候。此等の儀才力これなくては参りがたき儀に候えども、肝要の所は、御挙用の者は才力これある御見付故仰付候訳に付、右の者は孟子《もうし》にいわゆる助長などの御気遣いなどは猶以て如何《いかがわ》しき御儀に御座候。もし右等の思慮これなく候わば、取るに足らぬ庸才《ようさい》御惜しみ候訳これなく、速やかに御退け仰せ付けられ候儀当然と存じ奉り候。小子浅学不才論なきことに候えども、愚慮仕り候は、一藩の事御心配遊ばされずてはかなわぬ事と、遊ばさるるに及ばぬ事と御座候。これらの当否、下より上を窺い奉り候根元と相成り、きつと御政体と関係仕り候儀につき、熟慮遊ばされたくと存じ候。（四月四日小南五郎右衛門宛）

福岡孝弟肖像

東洋の参政復活と前後して要職についたものは奉行職福岡宮内・深尾弘人・仕置役渋谷伝・大目付末松務左衛門・麻田楠馬・朝比奈泰平、町奉行に市原八郎左衛門、高岡郡奉行に福岡藤次（孝弟）などがあった。これらは東洋を支持するか、または依頼する人々であって、前記小南の忠言は、世間ではこれを党類相引くものと見なし、いわゆる「新おこぜ組」の世評を高くするのではないかという容堂の配慮から出たものと思われるが、人材

後藤象二郎を起用す

登用を政策第一とする東洋にとって、世評を顧慮することはできなかったのである。安政六年（一八五九）四月、わずか二十二歳の青年後藤象二郎を起用して幡多郡奉行に任命したのもその一例だった。しかも象二郎は東洋の義姪《ぎてつ》に

後藤象二郎肖像

あたり、世間のおもわくもあったが、それを無視するところにかれの押しの強さがあった。万延元年（一八六〇）八月には乾《いぬい》退助（のち板垣）を免《めん》奉行（税務の官職）にとりたてたが、そのころ象二郎にあたえた手紙にこんな辞句がある。

板垣退助は有為の材

近頃乾退助御役相蒙り、毎々参り、壮齢盛志、大いに向来の望み御座候。只今は未だ死生の間に心を用い、若年の気去り申さず。足下等帰着後折々議論候はば大益これあるべく、藤次（福岡孝弟、当時町奉行）・太内（野中助継、当時郡奉行）相変らず精勤、世事ますます磨練《まれん》たのもしく

候。他にいうべきなし。

この人々はいずれも東洋直系の青年だったが、ひとり退助だけは武辺一方で学問は好まなかった。文久元年(一八六一)十月にはこれを内用役に転補して容堂のもとにおくったが、容堂に、「乾御内用役の儀、恐れながら御品藻《ひんそう》(評品)遊ばされ候通りの少年に候えども気象宜しく、追々練磨仕り候えば御用に相立ち申すべく」と進言している。

後藤にせよ、福岡にせよ、また乾(板垣)にせよその後年を思えば、東洋の人材主義がいかに確実なものであり、その鑑識が非凡なものだったかが首肯《しゅこう》されるだろう。

二　安政改革と東洋

安政改革は東洋によって

容堂の藩政改革は、以上の理由によって吉田東洋の改革意見にもとづき、東洋

て実施せらる

によって実践されたと考えてさしつかえあるまい。当初は隠居豊資の保守的な意向に制約されて、容堂の政策にもほとんどみるべきものがなかったが、これを刺激したのはペリーの浦賀渡来であった。嘉永六年(一八五三)九月八日、容堂はつぎの布告を示している。

山内容堂の声明

覚

我等万事不行届に候より、自然上下隔絶いたし弊事《へいじ》少なからず、無益の費《ついえ》のみに相成り候。しかれども是れまでの儀は差置き、此度御先代様御趣意に相随い、政事改革を以てきつと積弊を洗除《せんじょ》いたし候儀役人共へ申聞け候。いずれも政体に関係いたし候存慮もこれあり候はば速かに申出ずべく、勿論文武の道相励み、公正廉直《れんちょく》に相基き、我等の用を相待ち候様の心掛け肝要たるべく候。

丑《うし》九月八日

東洋の大目付起用と、その仕置役昇進はこの改革を輔翼させるためのものだったが、松下事件によるかれの失脚によって、容堂はたいせつな支柱を失なったのである。しかも翌安政元年（一八五四）十一月五日には大震災があり、江戸参勤中の容堂は期を早めて翌年二月十四日に高知に帰城、その復興にあたらねばならなかった。同二十三日家中諸士総謁見の後で示した諭告は、今度の震災は天数（天命）ではあろうが、自分は天譴《てんけん》（天のとがめ）と心得て、衆人とともに流弊をあらため、憤発する覚悟である。まず当路の人選を厳にし、士気を養って藩祖以来累代の恩にこたえ、学問は国家の興廃、政治の得失に着眼し、武芸も我流にとらわれず採長・補短に留意せよ、というのがその大要であって、容堂みずから率先して当路有司の指導にあたった。同日執政深尾弘人・福岡宮内・五藤主計・山内太郎左衛門連名の副書の内容を左に示す。

安政地震と藩政改革

家老連名の諭告

近年御借財増長に及び御勝手向御難渋に至り候処、一昨秋以来異船の模様穏やかならず、海防の儀捨ておかれがたく候に付、先達て以来御政治御改革を以て御手許をはじめ諸事御省略仰せ付けられ候場合、去冬の大変に付又々御入費、かつ御借財莫大の儀

七カ年の倹約令

に付、御勝手向必至と御差泥《なず》みに相成り、然るに右変事につき一統の迷惑御見聞遊ばされ候ては御忍び遊ばされず候えども、右の御勝手につき御介補《ごかいほ》の儀御心底にまかせられず、依て此度御年限立てさせられ、来る酉《とり》年まで七カ年の間、御公務をはじめすべて爾来の御半減に仰せ付けられ、万事御不自由いとわせられずきつと御厳略《ごげんりやく》遊ばされ、右によつて御年限中尚また分格差略《ぶんかくさりやく》仰せ付けられ、向後郷居《こうごごうきょ》等差明けられ候間、先達ての御自筆御書付、かつ此度仰せ出されの御旨厚く引受け奉り、いよいよ質素倹約に基き入費相償《つぐ》ない、風俗正しく、文武の道相励み、実用の武備相立ち候様心得べし。

大要は海防施設や震災のために財政が窮迫したので七カ年の省略を定め、諸士の分格を略して城下付近知行地または便宜の場所に住むことを認めるというのである。すなわち生活の簡易化によって省略の実をあげようとしたのであった。しかも同年十月二日には江戸に大地震があって鍛冶橋・日比谷の諸邸は大損傷をうけ、財政はさらに困難を加える状態におかれたのである。その間にも海防の設備はゆるがせにはできず、安政四年(一八五七)六月には半知《はんち》借上げ(藩士の知行半分を借用)によって財政を補わなければならないまでに苦境におちた。

容堂はその改革を推進するために執政以下有司の人選には心をいためたが、自らは将軍継嗣問題や条約勅許問題に介入するにおよんで、ついにふたたび東洋を起用し、藩政の局に当らせたのである。人材登用につぐ財政問題・海防・法令・教育の各分野においていわゆる安政改革の責任は、かくして東洋の双肩《そうけん》に担《にな》わされたのである。

三　東洋の財政策

土佐藩の本田と開発新田

人材登用については前にしばしば述べる機会があったが、これに次ぐのは財政の整理であった。土佐の国地高《くにちだか》は山内氏の判物《はんもつ》によれば二〇二、六〇〇石余になっているが、実際は前国主長宗我部氏検地の結果二四八、三〇〇石余と判明していた。これを本田と称し、山内氏入国後開発したものを新田とよび、明治三年(一八七〇)には二四六、一九三石におよび、本田と新田とをあわせて四九四、〇九一石余と、ほとんど二倍に増加している。このような農地増加にかかわらず、人口の増加と生活水準の向上は藩財政をおびやかし、時にはその危機をまねいた。天明の改革や天保の改革はその危機をきりぬけるためにうたれた政策である。

収入と支出とのアンバランス

天保改革直前の財政状態(天保五年乃至同九年五ヵ年平均)は、藩庁の収入銀六、一七九貫四〇匁余、その支出銀七、一六九貫三〇匁余、差引九八九貫九五〇匁余の不足をみせている。このような不足分は家中諸士からの半知借上げとか、一般庶民の出米《でまい》によって補う方法もとられたし、また木材の売却、紙類・鰹節・捕鯨銀・砂糖・石灰などの、国産品統制強化による国産方仕法《しほう》にまたなければならなかった。士民に倹約生活を強制することもその消極的方法であった。天保および安政の改革はすなわちそれで、その効果は文久元年(一八六一)六月作成の予算に、左のごとく示されて

国産方仕法

いる。

文久元年度予算

歳入合計　銀　一四、二六八貫八〇〇匁

内訳

銀　二、八五九・〇〇〇	御銀方前年繰越銀
同　二五六・五〇〇	大坂御銀方右同
同　二三六・二〇〇	諸運上銀
同　三、八四三・五〇〇	前年米売米高の内年末納銀控除分
同　一、一三九・六〇〇	夏・暮収納貢物銀
同　一、三一四・〇〇〇	売米代銀
同　一、〇九八・〇〇〇	国産方収納銀のうち城蔵納並諸雑用控除
同　五六〇・〇〇〇	七郡山手銀

同	三八〇・〇〇〇	諸取立方上納銀
同	一五〇・〇〇〇	諸売払代冥加銀・徳用銀
同	五〇〇・〇〇〇	御山方売木代
同	一、九二四・〇〇〇	今年末売米一万三千石と見積銀
歳出	銀　一二、〇五七貫九〇〇匁	
本国分銀	五、二六五貫三〇〇匁内訳	
銀	三、二四七・七〇〇	経常費並買米代
同	一、三三一・二〇〇	他国勤買米代
同	二一七・七〇〇	大坂警衛員用買米並諸渡銀
同	二四二・三〇〇	諸山売木仕成仕入銀
同	二二六・四〇〇	スクーネル船造営費

江戸分経費銀四、二四二貫五〇〇匁内訳		
同	二、一九八・四〇〇	今正月より来年三月まで大引受銀
同	七二〇・〇〇〇	右同品川屋敷引受銀
同	七四九・五〇〇	麻布分家収納米、扶持米の内正米廻送分控除
同	一四四・〇〇〇	海防用
同	四一・〇〇〇	御郡代金割払
同	一二九・六〇〇	去年参勤随員手宛不足分支払
同	二六〇・〇〇〇	諸士以下拝借銀
大坂分経費　銀　二、〇八五貫四〇〇匁内訳		
銀	九四四・九〇〇	経常費、出入町人扶持米及び借財元払
同	九三六・〇〇〇	住吉陣営普請用

同	一六四・五〇〇	陣営詰人員入費、並に買上米代
同	四〇・〇〇〇	貸付銀
京都・伏見分経費銀四六四貫七〇〇匁		
差引銀二、二〇二貫九〇〇匁余		

大坂町人からの借財

このほか籾米売払代と品川邸作事・文武館入費は控除されているので、右に表出された数字は大略のものだとみなければならない。東洋が参政に復活した安政五年（一八五八）は、前年度において一、三〇〇貫の不足銀を見せていた。この赤字財政をこなすのはもっぱら大坂町人からの借銀であるが、同年二月十九日付東洋の書状には、「大坂表御借財去年分より五年割払いの約定と相成り、年々翌四月に御下銀の筈に付、今四月よりはじめて払入に相成り候故、四月・五月分金高束《つか》ねて四万八千両余に相成り申候。よって爰許《ここもと》有物を以て込み引致させ候処、一万八千両不足に相成り申候。然るに御地(江戸)御用意金大積り四万三千両程御座候様相考え候に付、右の内一万両四月・五月分月賦の内へ御遣用に相成り候様仰せ付けられずては、忽ち融通相整いがたく候」と、返済方法の苦心を告げたものがある。また「御用意金の儀は厚き思召しもあらせられ候えども、三万三千両余の御用意御座候時は差当り御不足と申すにも至り申すまじく相考え候。されども御用意金相減じ候儀甚だ心配いたし候に付、此度大坂表において二万両御借入れの心配いたしおき候」とも見え、返済と同時に借財の手段も講じなければならなかった。外交問題をめぐって和戦両様の準備を必要とする非常事態だったからである。

私経済の倹約強行

東洋は、そのために奥向きの私経済は倹約を強行した。隠居豊資の第五女嘉年《かね》姫と京都の公卿徳大寺家との婚礼や、品川に住む容堂の生活などにも干渉した。二月三十日容堂への上書にも、「御手元をはじめ無益の弊これなき様仰せ付けられ、永く御続け遊ばされ候様の思召にあらせられず候ては参りがたき儀」と覚悟を要請したものがある。その反面では諸士の半知借上げや五歩一出米（知行高の五分の一供出）を免除して文武を督励し、勘定方小頭《こがしら》以下人材をえらび積弊を改めたならば、銀一千貫ほどは浮かすことができる目算があると自信をみせた。海防・教育そのほか時勢に即応する施設にはその経費を惜しまず、きわめて積極的に推進する態度がとられている。

四　航海遠略の策

西洋科学の摂取

西洋の学術・技芸の優越性は識者の間にはやくから認められ、東洋の草案した嘉永六年（一八五三）の開港拒絶意見書のうちにも、オランダを通じて造船・鋳砲《ちゆうほう》の技術をまなぶ必要と急務とが説かれている。安政元年（一八五四）八月には砲術家田所左右《そう》

大砲の製法

次《じ》は池田歓蔵《かんぞう》や伊藤丈助とともに藩命をうけて鹿児島へ出張した。当時島津斉彬《なりあきら》は率先して西洋科学をとりいれ、洋式砲鋳造のための反射炉《はんしやろ》の設備もあったので、

その視察と研究を課せられたもので、長崎には高村亀太郎や岡村常之助が派遣されていた。同六年（一八五九）二月には今井貞吉が鹿児島に出張して水車利用による織物装置、ガラス製法・製剤法・鍍金《ときん》法などをまなび、途上長崎を視察して三月帰国、六月にはふたたび長崎に遊び、当時流行していたコレラ治療に関するシーボルトの学説を聴き、見聞をひろめて八月に帰国した。また同年二月には船匠《せんしょう》（船大工）

洋式帆船の製法

岡宇平らを江戸におくってスクーナー（洋型帆船）製造法を伝習させ、同じく坂本専次郎らにはその航法修業を課することを決定、それぞれに江戸に派遣したが、これらはみな西洋科学をとりいれようとする積極的な東洋の意図を反映したものである。

開港と貿易

開港方針が決定されると同時に、貿易による富国策も考えられた。安政四年（一八五七）閏《うるう》五月には下許《しももと》武兵衛・手島八助の二士は容堂の内意をうけ、江戸から北海道の新開港地箱館視察におもむいている。北方防衛の状況をさぐるためでもあったが、同時に開拓や貿易の将来に望みをかけたものであった。同六年（一八五九）十

岩崎弥太郎らを長崎に派遣す

月には岩崎弥太郎と下許武兵衛が長崎へ出かけた。東洋の『参政録存』八月十九日の条には、「長崎に弘田亮助・弥太郎両人差立候儀御奉行中へ御達し申出、御別慮これなし」とあるが、のち下許が弘田に代ったので、二人が高知を出足したのは十月二十二日のことである。前書九月三日の条には「弥太郎草案御目付へ廻す」ともあり、発足以前に岩崎がなんらかの腹案を提出したことが知られる。その内容は不明であるが、後日長崎に土佐商会を経営して縦横の才をふるったかれの活躍に照らし、対外貿易の抱負をもりあげたものではなかったかと想像したい。

西洋事情の調査

長崎からの情報や中外新報・香港《ホンコン》叢誌・香港新聞は容堂に達せられ、東洋に通じてその海外識見はますます高められた。東洋が容堂に呈した手紙に中外新報十一冊を下付されたことを感謝し、「頂戴以後は座右に差置き披閲《ひえつ》仕り候故、地球大勢暗記《あんき》仕り、大いに識見の助けと相成り」と述べたものがある。西洋を理解し

山田馬次郎のアメリカ派遣

ようとするこのような意欲の表われが、青年山田馬次郎のアメリカ派遣にもなっ

た。これは幕府の遣米使節新見《しんみ》豊前守一行の随員として参加したので、諸藩からえらばれた一人である。中浜万次郎は使節の通訳官として一行のうちにあったが、山田は表向きは外国奉行支配組頭成瀬善四郎の随員としてアメリカ船ポーハタン号に乗組んだ。ポーハタン号は万延元年（一八六〇）一月二十二日に横浜を出帆した。勝海舟を艦長とする幕府の咸臨丸《かんりんまる》もこれと行動をともにすることになり、記録的な太平洋横断の壮途についたのである。ポーハタン号は二月十四日ホノルルに寄港、三月九日にサンフランシスコに到着、使節一行は、その後アメリカ大陸の各地を経由して、五月二十八日ナイヤガラ号でニューヨークを出帆、大西洋を

岩崎弥太郎肖像

渡って九月二十七日に品川に帰港した。世界を一周した山田馬次郎の見聞が、はたしてどれだけ土佐の開進政策に影響したかはわからないが、かれは文久三年(一八六三)十一月三十日に世を去り、その知識を生かす機会を得なかったのである。

東洋の航海遠略策

東洋は、このようにして求め得た知識と技術とをどのように政策化するつもりだったであろうか。文久元年(一八六一)九月八日付容堂への呈書の一節を左に掲げよう。

来秋頃は蒸気船御買入れ仰せ付けられ、有志の者も二ー三十人乗せ(水夫の外)江戸へ遣わされ、万次郎の如き者及び公辺海防掛りの人へ御頼みに相成り右船にて調練仕り候時は、一年に及ばず近国の航海相調い申すべく、其時軍艦御買入れにて又々此くのごとく両三艘に相成り候わば、南洋にこれある無人島六ー七も御手に入り候様仕り候上、交易御差許しの五国に兵を用い候事これある節、時として御願立ての上右軍艦差遣わされ候時は、実事に臨み候故、人才教育の道も虚飾に相流れ申すまじく存じ奉り候。

世界の実情認識の未熟さはあるにせよ、その抱負《ほうふ》は決して空想ではなかった。

東洋横死のために生前において着手はできなかったけれども、かれの抱負は容堂はじめ後藤象二郎や岩崎弥太郎などの同志・門下生によって実現されたのである。汽船南海丸の購入とそれにともなう海軍局の改革、開成館創立と長崎貿易への発展、坂本龍馬の海援隊創立など、すべて東洋の思想を直接・間接にうけついだものであった。

五　大坂湾警備と住吉陣営

大坂湾警備令

条約勅許奏請問題のあった当時、神奈川および長崎・新潟・箱館の四港はいかにもあれ、京都に近接する兵庫の開港は朝廷にもっとも難色があった。幕府は井伊大老の専決によって勅許を待たず開港条約を批准《ひじゅん》したが、京都の不安をやわらげるために安政五年(一八五八)六月諸藩に近畿防衛を指令した。土佐藩は因州(鳥取県)・備前(岡山県)両藩とともに大坂警備を命ぜられた。あたかも条約勅許問題や将軍継嗣

容堂幕府に苦言す

問題について世論を無視した大老に不満をいだいていた容堂は、松平春嶽によせた手紙のうちに、「弊国は百里の海岸、しかのみならず上国の防備、唯々迷惑の二字胸中に横たわる」とも述べているが、七月四日になって幕府に難題九ヵ条をもちかけた。その一は土佐は沿岸百里、区々二十万石ではその海防さえ手にあまる。それのみか近畿防衛を命ぜられたのでは処置がないので相当の補助を得たい。その二は同様の理由で七年間は江戸参勤その他いっさいを免除されたい。その三は大坂と領国と海防上の便宜として伊予(愛媛県)川之江の天領を頂戴したい。その四は自分は武門に生まれながら兵法にうとく勇気にとぼしいので、警備地区には堅固な砲台がほしい。幕府の手でそれを築き、それを当方へ任せてもらいたい。その五は同上の理由で銅製の大砲を給付されたい。その六は砲台を築き大砲を備えても防衛は完全といえない。オランダに依頼して軍艦も造ってもらいたい。その七は実戦の用意として人家の多い大坂を現状のままにして置いては甚だこまる。

無慈悲なようだが、火を放って焼野原にすることを許してもらいたい。その八は軍隊駐屯のため大坂城の一部を拝借したい。その九は諸侯のために富国強兵の策を認めてもらいたい。二百年来の恩顧をうけた諸侯のことだから、富国強兵になったとしても徳川家に対して禍心《かしん》をいだくものはあるまい、というのである。傍《ぼう》若無人《じゃくぶじん》の言分で、さすがにこの伺書を預かった老中内藤信親もあきれて、同二十五日容堂の側用役小南五郎右衛門を役宅へ呼出し、「表沙汰にしてはお為めもよろしかるまい」と伺書取下げの形で、おだやかに首尾《しゅび》をつけた。これも後日容堂譴責《けんせき》の助因になったかも知れない。

住吉陣営を交付せらる

土佐藩では江戸府外浜川砲台を撤去し、その警備を大坂に移したが、万延元年(一八六〇)九月になって摂津住吉郡中在家・今在家の入会地《いりあいち》に一万七十九坪七合五勺の土地を陣営敷地とし交付された。付近の警衛分担地区は大和川が筑後(福岡県)柳川藩、大和川から尻無川《しりなし》が土佐藩、尻無川から葦川《あし》が因州藩、それより北が備前藩、兵庫は長州藩の受持ちになっている。

陣営造築と東洋

住吉陣営の建設には、東洋も慎重をきわめた。前年容堂の大胆不敵な伺書が譴《けん》責《せき》の一因となったことも考えられるし、その赦免のためにも幕府に対する謹慎のゼスチュアを示さなければならない。幕府の意志を迎合する態度も、好むと好まぬとにかかわらず当路の重責にある者のとらねばならない手段だった。東洋は自らその局に当って後藤象二郎を普《ふ》請《しん》奉行に、寺村勝之助を作事奉行に任命し、福留健次・松下与膳・中山左衛士らをその輔佐として陣営の造築にかかった。工費概算は銀九三六貫目、大工や人夫、材木や石材もすべて土佐から送って工事を督励し、文久元年(一八六一)五月にはその落成をみることができた。大門を入って中央に御殿を設け、その側に三十五間の平家二棟がある。これが士大将以下上士分《じょうしぶん》の部屋に賦《くば》られ、御殿の後方に七十二間の二階建てを造って郷士以下足軽の宿舎にあてた。そのほか厩舎《きゅうしゃ》、倉庫、剣槍《けんそう》の稽古場《けいこば》や弓場《ゆば》もあるし、目付や下横目など監察官の詰所も設けた。背面には平生の出入門もあって三百人以上の収容能力をもち、五百挺のゲベール小銃もそなえ、設備と警衛とに万全を期したものである。

文学と武技の講習

陣営内には収容隊士のために文武館を設けて大谷茂次郎を文校司業小目付に任じ、隊士の修業を督励した。文校教授は吉田文治、槍術指南役は岩崎甚八郎、剣術指南役は毛利恭輔が任命せられ、そのほか弓術や砲術の稽古や集団訓練もしばしば行われて、その盛況は衆目をおどろかせた。このうわさが大坂町奉行の耳に聞こえ、責任者が町奉行所によびたてられた。「このころ住吉陣屋では鎧《よろい》かぶとに身をかため、剣術などもことのほかはげしいと承知する。江戸方面でもいろいろ不穏な風聞もあることだし、心得のために所存を聞いておきたい」との不審をかけられ、「剣術のさかんなのは武門の常、鎧を着するのは操練《そうれん》の法で不思議とは申せまい。不穏のうわさはさらに聞き及ばず」と弁解した。それほどに住吉陣営の設備と士気は世の注視をあびたが、その裏面には容堂の赦免をひたすらに求める東洋の悲願が秘められていたのである。それにもかかわらず、陣営造築のため経費と労役とは藩費を濫用《らんよう》するものだとの批判もあって、反対派に東洋排撃の口実をあたえた。

六　格式制度の改革

土佐藩の格式

武家格式の改制は東洋年来の持論で、そのために万延元年（一八六〇）二月制度改正役場を設け、大崎健蔵・松岡七助（敏時）ら数人にその役掛りを命じて調査にあたらせた。古来土佐藩には家老以下中老・馬廻・小姓組及び留守居組の五級があり、時代の経過とともに二男・三男の分家するものには馬廻末子とか小姓組末子・留守居組末子などの格をあたえ、これを一般に上士と唱えた。下士は郷士・用人・徒士《かち》・組外・足軽などをふくみ、上士と下士との間に白札《しらふだ》と称する格もうまれて複雑きわまる身分的階層を形成したのである。東洋の格式改制はまずこれを簡素化することを目的としたものであった。

保守派の改革反対

制度改革はもとより容堂の意をふくみ、その諒解によって著手されたものだが、一門連枝《れんし》をふくむ保守勢力はこれに反対運動を試みた結果、文久元年(一八六一)六月十三日隠居豊資は、「御先代様以来の制度を相改むる儀は容易ならず」と声明した。苦境におちた東洋は六月二十日その事情を容堂に訴えたが、その書状のうちにはつぎの辞句がある。

元来此度の御改正、御先代様御制度を相改候などは存掛けなき次第にて、如何の間違いにてこれあるべくや。改正中末子と申す格式、並びに白札は士格・軽格の中に居り候て取扱い分明ならず。これなどは御差除きをもつて白札は御留守居組へ、末子は各々の本格へ御繰込み仰せ付けられ然るべし。此事やや大立ち候えども、いずれも相悦び申候義にて、其他は自然に古来よりの取計らい種々分派仕り居候故、それぞれ御先例の理に相叶《かな》い候所は一定仕り候様にいたし、中人以下の才にても役儀仰せ付けられ候はば職掌は申すに及ばず、諸都合取扱い方等まで明白に相分り、即日《そくじつ》より御用に相立ち候様の御仕組に仕り候儀、恐れながら御存じ遊ばされ候通りに御座候。

格式を簡素化することは事務管掌を明白にすることにつながり、政費の節約にもなるだろう。人材抜擢《ばつてき》もその道を開かねばならないが保守勢力の圧力がそれをさえぎっているのである。一門山内大学（追手邸豊栄）のごときはその代表的なもので、

東洋の苦心

東洋も「大学様には御国の御為・御不為の思召しにはあらせられまじく、御制度改正の仰せ立てられは一時の御藉口《しゃこう》（口実）にて、御底意は御役人御退け遊ばされたき思召しと恐察」と観察した。すなわち改正に反対する真意は、東洋一派の排斥にあったのである。しかも東洋は不退転《ふたいてん》の勇気をもって執政深尾弘人と協力し、保守派への説得につとめた。十二月二十二日の手紙には、「過日《かじつ》北御邸にて少将様（豊資）・太守様（豊範）御列座遊ばされ、御奉行両人並びに御用役四人罷出である処にて、元吉（東洋）職守《しょくしゅ》読上げ候様仰せ付けられ候あとにて、当今の形勢、御国の弊習、士風の偸惰《とうだ》、逐一《ちくいつ》に申上げ、文武教育の理、人材選擢《せんてき》の道、後先緩急《ごせんかんきゅう》御施しの手

東洋の改革案

段」を詳説し、「それぞれ御意に相かない候やに恐察」するところまで漕ぎつけることができた。十二月二十二日東洋は左の数ヵ条をあげて容堂の裁決を求めている。

覚

一、職階五等
右は思召を以て一時に御施し相成り宜しかるべく候事
一、文武諸芸家
右は教授・指南等に仰せ付けられ、然るべき者精密に御選び仰せ付け置かれ、御発現の前に一同家芸御免仰せ付けられ、其翌日役付に仰せ付けられ宜しかるべく候事
一、文武規則
右は司業調役前弘《まえびろ》(あらかじめ)に仰せ付けられ、廉々《かどかど》弁論仕り候て、孰《いず》れも能々《よくよく》相心得候処にて御施しに相成り宜しかるべき事
一、軽格職陛(原文のまま職階の意か)

右は今春差上げ奉る通りにて、聊《いささ》かの取捨《しゆしや》仕り候事に付、御国許へ御任せ仰せ付けられたく、時宜《じぎ》考え合せを以て相施し申すべき事

芸家廃止と階級整理

第二条芸家廃止のことは文久二年(一八六二)三月二十三日に発令された。儒学・兵学・書道のほか槍・剣・弓・馬・和《やわら》・砲など武芸はすべて世襲制で、土佐ではこれを芸家と称していたが、これでは学芸が停滞してその改進を期待することができない。これが芸家廃止の理由であった。同二十七日には第一条の階級整理案が実施された。上士格を家老はじめ中老・馬廻・小姓組・留守居組の五階にさだめて馬廻末子・小姓組末子・留守居組末子の末子格を除き、それぞれ一級を昇進させたばかりでなく、白札も廃して留守居組に昇格することとした。これは東洋の意図する人材登用の線にそうものであったが、保守的な門閥家のうちには従来下位にあったものが同格に列するのをよろこばないものも少なからず、東洋に敵意をいだくものもあった。東洋横死後、六月二十一日はやくも芸家復活が発令され

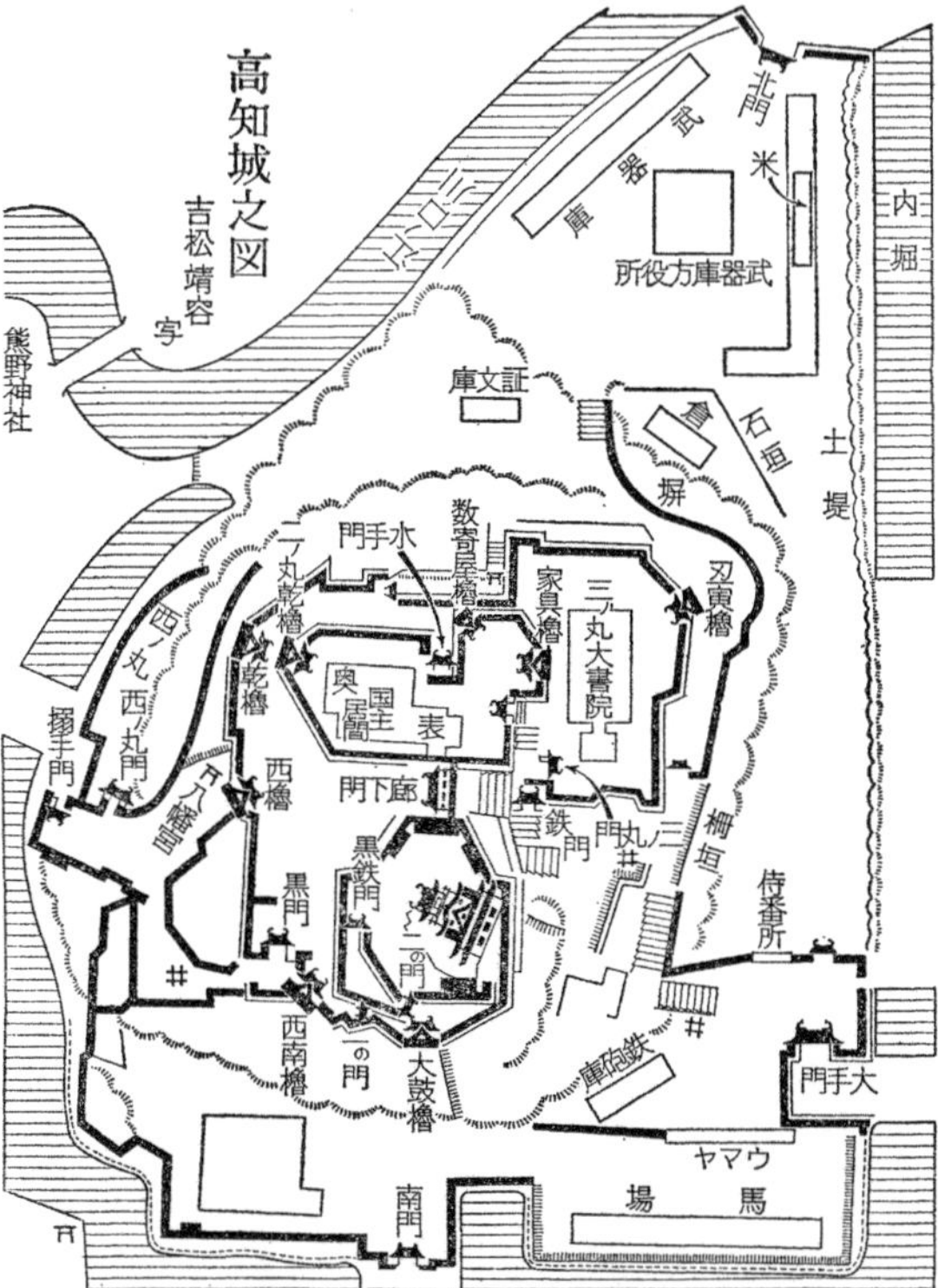
高知城之図
吉松靖容写
熊野神社
武器庫
北門
米
武器庫方役所
内堀
証文庫
倉
石垣
土堤
塀
水手門
数寄屋櫓
家具櫓
三ノ丸大書院
二ノ丸乾櫓
辰寅櫓
乾櫓
奥
国主居間
表
西ノ丸
西ノ丸門
揚手門
八番門
西櫓
廊下門
鉄門
三ノ丸門
黒鉄門
黒門
二の門
一の門
西南櫓
大鼓櫓
鉄砲庫
侍番所
大手門
ヤマウ
南門
馬場

高 知 城 の 図 （吉松靖容写）

たのはその反動とみられよう。

七　藩史と海南政典

藩史編修は容堂の希望

容堂は歴史を好んだ。頼山陽の『日本外史』や『日本政記』はその愛読書のうちに数えられ、したがって容堂自作の詩文にも歴史を題材にしたものが多い。かつて先代豊熈の言行録『耿光《こうこう》遺範』を読み、その徳だけがたたえられて筆の短所に及ばざるをうらみ、「善悪ともにあげて憚らざれば正史にあらず」と評したことがあるが、ついに自ら藩史をつくることを考えた。侍読松岡七助（敏時）はその意をうけ、東洋に報告した手紙に、「編修の体はまず御事跡を大書して、細註《さいちゅう》に野中太夫（兼山）はじめ其余事業の人々の事蹟を書入れ申すべくと相考え候」と書き、東洋の意見をもとめている。

東洋の意見

東洋の意見は、左記文久二年（一八六二）正月十三日の書に見られるごとく編修には賛成だが、刊行には反対だった。

御著述の思召は恐れながら御尤もの御儀と存じ奉り候。御出来《ごしゅったい》の書上梓《じょうし》(出版)仰せ付けらるるは甚だもつて然るべからずと存じ奉り候。子細は、近頃承り候に書生輩著述上梓すら有用の文は除かれ申す趣、まして御上には何分公辺御憚り遊ばされ一日も早く御国許へ御下り遊ばされ候事御肝要と存じ奉り候。恐れながら御著作有用にこれなき時は御上梓の甲斐これなく、有用なれば上梓さしつかえ申すべく、まず其処はさておき御上梓の儀きつと御留め申上げ候間、何卒御出来の御詩文浄写仰せ付けられ、世に御示し遊ばされず候様願い奉り候。

無用の書ならば刊行は無意味だし、有用の書ならば刊行不可能の時節であるから、せいぜい詩文の浄書程度で我慢されたいという意味である。藩史編修のことは、東洋は積極的に支持したとは思われない。

東洋の死後、慶応二年(一八六六)二月になって藩史編修計画が実現することになり、文館教授松岡七助・同助教谷守部(干城)・横田祐造・宮地熊太郎・福岡精馬・松下与膳がその係りに任命された。その後編修員に若干《じやっかん》の交替はあったが、その事業は明治二年（一八六九）十二月まで継続したのである。はじめの計画では全篇を外・内の二つにわけ、外篇は天朝・幕府・諸藩・諸国之変とし、内篇は国譜・歴世事実・政体沿革・郡邑・神祠・仏寺・執政・参政・風憲年表・藩老以下諸士列伝・孝義伝などに分類し、各員がそれを分担した。しかし三年の短期間でそのうえ担任者交替のために全篇を終結することができず、歴世事実は宮地熊太郎（貞敏）の一豊公伝三巻、津田斧太郎（隠）の忠義公伝断片、政体沿革は宮地の慶長五年乃至《ないし》寛文三年の十三巻、清水堅（重則）の寛文四年乃至延宝八年の十八巻、および宮地の元禄十六年乃至宝永三年の断片、松岡七助の諸士列伝・執政年表・仏寺誌数篇をのこしただけで、要するに未完成におわったのである。

海南政典と東洋

藩史編修のことはついにその完成を見るにいたらなかったが、東洋の力をそそいだ法典は完成されて『海南政典』と題された。すでに弘化二年（一八四五）八月かれの起草した「時事五箇条」の一節にも、「御法令は国家の大綱に御座候」とあるごとく、時勢に応じた法制の確立はその念願とするところであった。参政の職に再任せられるにおよび、制度取調局を設けて自ら これを総裁し、福岡藤次(孝弟)と松岡七助(時敏)をその局に当らせ、戸部《とべ》廉平・谷丹作・大谷茂次郎・岡万助・細川潤次郎・大町利平・森田良太郎・森沢禄馬・弘田亮助らを参加させて、文久元年(一八六一)九月にはその全部を脱稿した。九月八日容堂への呈書に、「海南政典(寺社一例未脱稿)・海南律例共全部脱稿に相成り申し、只今校正・浄写仕居り候間、追々御覧に入れ奉るべく」と報告し、その序文を請うたものがある。

政典の内容

『海南政典』は漢文で書かれたもので、職守・考課・継嗣・儀制・寺社・戸籍・田疇《でんちゅう》・山虞《さんぐ》・関市《かんし》・賦役《ふやく》・営繕・倉庫および法律の十三目《もく》にわかれたものであるが、『海南律例』は和文で編修されたものだったと伝えられる。かつて「政典条令」と題し、『海南政典』と同じ分類のもとに古来の法令を集録したものが山内家に保存されていたが、戦災に失なわれてこんにちではみることができない。

『海南政典』はついに容堂の序文を得ることができず、その清書も未完成のまま東洋は世を去ったが、慶応元年（一八六五）十月十二日、寺村左膳（成道）監督のもとに公文《くもん》周助・今橋安太郎・山崎直之進・井上清次・岩崎林蔵および土居正蔵によって清書された。これは近世末期の土佐藩封建組織を理解するための好文献であって、中期における『元禄大定目《だいじょうもく》』、初期における長宗我部氏の『百箇条掟書《おきてがき》』とともに法制史上重要な位置をしめている。

（付記）『海南政典』の原書は『政典条例』と同時に戦火に焼失したが、山内家顧問仙石稔《みのる》氏の写本がのこり、マイクロフィルムが東京国会図書館・高知市立市民図書館・アメリカのワシントン大学に保存されている。

八　文武館造営

土佐藩の教育機関

家中武士子弟の教育機関としてはすでに教授《こうじゅ》館があった。宝暦九年(一七五九)十二月に建設されたもので、儒家のうちから教授役を任命し、朱子学を主として国学・史学をも講義させた。天保四年(一八三三)七月には医学を加えたが、同十四年(一八四三)には城下帯屋町に新築して医学館を分離し、翌年三月から医道教授と治療をはじめた。沢流館《たくりゅうかん》と呼ばれたものである。武技は古くから弓・馬・刀・槍それぞれの師家が道場をもち、子弟を指南する慣例になっていたが、弘化三年(一八四六)三月帯屋町に武芸所を新設した。天保改革以来、士気振興をはかって文武併立の目標を確立したからである。

豊凞の文武振興策

文武振興の方策として、藩主豊凞《とよてる》は天保十四年(一八四三)閏《うるう》九月に連枝山内大学(追手邸 豊栄)に教授館総裁を依頼し、ついで文武目付の職を設けて吉田東洋・大崎健蔵をこれに起用することを考えた。当時東洋は郡奉行の職に在って文武目付任用のことは実現しなかったが、文武館設立のことはすでにそのころから豊凞らによって起案されていたのである。藩政多端のために容易に著手することができず、嘉永三年（一八五〇）五月山内大学が総裁を辞退して教授館もまた振わず、むなしく年月が去ったが、東洋がふたたび参政となるに及んで学館再建のことを積極的に推進した。『参政録存』の安政六年（一八五九）三月二十八日条に、「今日文武館調方差図《しらべかた》とも七助へ相渡す」とあって、松岡七助が東洋の計画に協力したことが推想される。この計画にも保守派の反対が強かった。東洋は隠居豊資、連枝の山内大学、家老の山内下総らの反対論説伏につとめ、ついに文武館敷地として城北川原町を選び、学館建築に著手した。

東洋文武館設立を推進す

文武館の落成したのは文久二年（一八六二）二月十四日で、敷地面積九、一八〇坪、建坪は一、三九〇坪余である。館内には伴宮《はんきゅう》・時習寮・養正寮・兵学寮・天学寮・洋学寮・演武館・馬場・弓場・射撃場を設け、司務庁もおいて文武教育の万全を期した。左は館内の壁書であって、修業の目的をあきらかにしたものである。

文武館の規模

館内壁書

覚

一、文武は車の両輪の如く偏廃《へんぱい》すべからざる儀は、かねて御触示《おふれしめし》にも相成居り候えども、尚又きつと志を励まし、御趣意の旨専一に相守るべき事。

一、学問は第一五倫《ごりん》の道にそむかず、皇朝の御国体を服膺《ふくよう》いたし、聖賢の教にしたがい、修斉《しゅうせい》致すの工夫《くふう》肝要に候事。武道は士の職分にて、治に乱を忘るべからざるは当然のことに候。常々相心得、武技研究致すべき事。

一、文武とも師弟の道厚く相守り、信義を以て授受致すべく、かつ両道とも名利にはしらず、真実の修行専要に候事。

一、喧嘩《けんか》口論は沙汰に及ばず、猥《みだ》りの挙動これなき様相互に心を用い、起居進退、士の作法正しく、礼譲を守り勤むべく候事。

戌《いぬ》六月

教官と課目

文武館は文館と武校にわけてそれぞれ文武の教官が任命された。文館の史学教授は松岡七助(時敏)、経学教授は奥宮周次郎(正由)・大町利平(正庸)・岡本頼平(長多)、国学教授が渡辺禎吾(勝順)、書学教授が小笠原惇助(則清)、蕃書教授が細川潤次郎(習元)らで、その下に助教を配属し、また講義席や質問席を設けて修学の便宜をはかった。ほかに原伝平(胤茂)と森本貞三郎(久清)が兵学教授に任命されている。武校では弓術指南役が外池武左衛門(明延)、馬術は指南役を欠き本山団蔵(隆茂)が源家古流、山本官吉(貴政)が大坪流、寺村与兵衛(根将)が要馬術の導役に補せられ、剣術は平尾作内(繁喜)が無外流、石山孫六が一刀流の指南役、寺田忠次(篤友)は大石流の導役の座をしめている。長谷川英信流居合術《いあいじゅつ》導役には下村茂市(定)・下村衛守(正盛)らがあり、槍術指南役には高木流の岩崎甚左衛門(幸長)、導役には宝蔵院流の郷円之丞(雄正)らがあった。和術《やわら》は竹内流の仙石勇吉(章直)や本山団蔵(隆茂)が導役、洋式砲術指南は池田伝之進(之陳)、導役には高村権太郎(慶)・小林惣十郎(就正)らがある。武技砲術には以上のほか導役や引立役の名で多くの人々が参加した。

修業規定

修業生は十六歳から二十二歳までは毎月二十日、二十三歳から二十九歳までは十五日、三十歳から三十九歳まで十日の登校が義務づけられていた。教授館の場合はその教育が上士格にかぎられていたが、文武館は下士軽格をも収容した。時代の進歩にともなうこれらの施設が、かえって一部保守派の不服をまねく結果ともなったのである。

容堂、東洋の苦心を悲しむ

当時、容堂の侍読《じとく》として江戸に在勤した松岡七助が東洋に寄せた二月四日の手紙のうちに、「文武館大いに御はかどりの由、近日学制はじめ右へ関係仕り候御制度それぞれ御《ご》発顕《はっけん》に相成るべく、令を流水の源に下だす、真にこれ治国の手段」と激励しているが、その間における東洋の苦心と改革を遂げたのちは退職の意志を訴えた文書について、容堂は「東洋のこの心中を知るものは余と汝のみ」と悲しみ、小人の中傷に苦しむ東洋を、「むごく存じ候と御意、敏(松岡七助時敏)また涙下って仰視する能わざるなり」とも歎いている。先駆者の苦しみと改革者の悩みを、東洋もまた胸底に深くいだいていたのである。

第七　東洋と土佐勤王党

一　東行西帰録

安政大獄の反動

大老井伊直弼による安政の大獄は、一橋党を弾圧することによって幕府の権威を示そうとしたものであったが、事実はかえって世論をわきあがらせた。そればかりでなく、万延元年(一八六〇)三月三日には井伊大老は水戸浪士の襲撃をうけ、桜田門外にその首をあげられる結果をまねき、幕威の転落に拍車《はくしゃ》をかけた。八月になって水戸烈公(昭斉)は病死し、九月になると一橋慶喜・松平春嶽とともに山内容堂の謹慎はゆるされた。まだ接客・文通の自由は認められなかったが、このような措置《そち》をいそがねばならないほどに幕府に対する世論はきびしかったのである。

山内容堂赦免せらる

東洋の江戸出府

東洋は同年十二月二十五日に高知を出て江戸にむかった。腹心の松岡七助と井上佐市郎に見送られて布師田《ぬのしだ》で袂《たもと》をわかち、讃州(香川県)丸亀で文久元年(一八六二)の春を迎え、一月五日に大坂到着、滞在数日の間に住吉陣営の普請作事の進行ぶりを視察し、同十三日普請奉行後藤象二郎らの見送りをうけて同地出発、東海道の旅を急いで十九日江戸に着いた。

出府の目的

東洋の江戸出府は、容堂のために品川藩邸を改築することと、江戸藩邸の経理を査察することが表面の目的であったが、同時に文武館の造営や制度改革の推進について直接容堂の理解と支持を求めることに重点がおかれていたのである。帰国後、容堂にあてた東洋の手紙に、「元吉(東洋)儀出府中御機嫌窺いたてまつり、度々御懇命蒙りたてまつり候のみならず恩賜実に裕渥《ゆうあく》(優渥)、ありがたき仕合せ」と見え、両者の間に十分の諒解がとげられたことを知ることができる。東洋の江戸行については『東行西帰日録』がのこされているが、一月二十二日の記には、「品川御殿へ出勤、兼ての僉議《せんぎ》それぞれ申上げ、御思召あらせら

写真撮影

れず候段拝承」とあってその成功を伝えているし、同二十九日の記には「写真いたし候事」とある。二十三日の夕刻以来病臥し、二十八日にやっと月額《さかやき》したので、現存する東洋の写真はこれを記念する唯一のものである（口絵参照）。所用をはたして二

高知に帰る

月十三日に江戸を立ち、京都や大坂を過ぎ、三月十六日土・予国境の立川関を越えた。帰宅したのは十七日のことで、容堂への報告に、「去月十七日御国許へ帰着仕り候処、機務積累《せきるい》仕り候上、内蔵助（家老五藤正身）はじめ御近習年々進退仰せ付けら

志を託した詩篇

れ多忙寸隙《すんげき》なし。かつ元吉弊宅土木相営なみ、恐れながら一同狭屋《きようおく》に相集まり日々雑沓《ざつとう》（雑踏）」と、政務の繁忙を訴え、かつ大坂滞在中の作詩一篇をそえて志をのべた。

紀を粛《ととの》えて一藩を匡《ただ》し
弊を除いて万民を救う
意気泰山より重く

才略、古人を払う
たちまち悟る天機の妙
功名信《まこと》にそもさん
微塵《みじん》地球を視る
五洲の細き、何をか云わん

テロリズムの時勢

『東行西帰日録』の前後には、桜田門外の変に次いで万延元年（一八六〇）十二月五日にアメリカ通訳官ヒュースケンが江戸の三田で浪士に殺害されている。翌文久元年（一八六一）ロシア帝国の軍艦が対馬《つしま》占拠を企てて国際問題をまねき、五月二十八日には水戸浪士が高輪東禅寺にイギリス公使オールコックを襲う事件がおこった。いわゆる尊王攘夷の名のもとにまきおこされつつある旋風《せんぷう》を、東洋はどんなにながめたであろうか。

二　土佐勤王党結成せらる

崩壊期にある江戸幕府の土台をゆすぶったのはペリーの浦賀来港によって急速に展開された外交問題と、併せて水戸学の思想と水戸派の人々の運動であった。

水戸学派の人々

水戸学とはその『大日本史』編修にしめされたごとく天皇を中心とする国民思想の統一をめざしたもので、これによれば江戸幕府が勅意を無視して開港を決定したのは許すべからざる行為であった。水戸浪士が井伊大老を桜田門外に斬ったのもその違勅の罪を鳴らしたもので、これによって幕府を改造し国論の統一をはかったのであって、「尊王攘夷」は「佐幕開港」論に対抗する標語として当時の青年の血をわかせた。薩摩・長州、それから土佐にもそれが強く影響したのである。

土佐と南学の伝統

土佐には近世初期以来「南学」があった。朱子学をその内容とするもので、その流れを汲んだ山崎闇斎が京都で「垂加《すいが》」学を提唱した。神道を本とし儒学を羽《う》翼《よく》とする新しい学説である。この学説には日本の国家成立の意志が盛られ、したがって尊王思想をふくむものであって、闇斎の門人たちにより日本の各地に流伝《るでん》した。

尊王思想と谷派の学

水戸学もその影響をうけたものだが、土佐の学者谷秦山《じんざん》も闇斎門下にまなび、子の垣守《かきもり》、孫の真潮《ましお》とともにいわゆる谷派の学を確立した。藩主山内氏もまた谷派の学を容《い》れたので、享保以降尊王思想は次第に一藩上下に浸透《しんとう》したのである。のみならず、賀茂真淵や本居宣長らによる国学の影響もこれをたすけ、『万葉集古義』の大著によって知られる国学者飛鳥井（鹿持）雅澄を生んだ。このような思想は地方農村の指導者たちまでも刺激して、天保十二年（一八四一）十二月には庄屋秘密同盟が結成された。

天保庄屋同盟の結成

その背骨になっているのは農本主義的な考え方で、天皇と農民とを直結し大名の家中武士の権威を否定しようとしたもので、この思想を発展させるならば当然封建制否定の道をたどるものであった。このようにして農村を基盤とする庄屋、もしくは郷士層が多数をしめた土佐勤王党が生まれたのは文久元年（一八六一）八月のことであった。結成の動機が、水戸派の尊王攘夷運動の影響によるものであったことはいうまでもない。

武市瑞山と土佐勤王党

土佐勤王党の首領は武市瑞山《たけちずいざん》（通称半平太、名は小楯）であった。身分は白札であるが郷士出身の剣客で、かれの叔母菊が国学者飛鳥井雅澄の妻であったことは、瑞山を「天皇好き」たらしめた一要因だったことを推想させる。安政三年（一八五六）八月江戸に出て、桃井春蔵の塾で鏡新明知流《きょうしんめいちりゅう》の剣法を修め一旦帰国、万延元年（一八六〇）七月には剣道修業をかねて四国・中国・九州の各地の情勢を視察、文久元年（一八六一）四月にはふたたび江戸へ出た。水戸の岩間金平、長州の久坂玄瑞、薩摩の樺山《かばやま》三円らとの交際が瑞山奮起の機縁をつくり、郷党同志による団結が計画されたので、同年八月に書かれた盟約には「尊王攘夷」の志をのべ、団結の理由をつぎのように訴えている。

勤王党の誓詞

老公（容堂）夙《つと》にこの事を憂いたまいて有司の人々に言い争いたまえども、却ってそのために罪を得たまいぬ。かくありがたき御心におわしますを、などこの罪にはおちいりたまいぬる。君辱《はずか》しめをうくる時は臣死すと。ましてや皇国の、今にも衽《じん》を左にせん（野蕃人の風習に化する）を他にや見るべき。かの大和魂を奮いおこし、異姓兄弟の結びをなし一点の私意を挟《さしはさ》まず、相謀りて国家興復の万一に稗補《ひほ》せんとす。錦旗もしひとたびあがらば、団結して水火をも踏まんと、ここに神明に誓い、上は大御心をやすめたてまつり、わが老公の御志をつぎ、下は万民の憂いを払わんとす。

薩長土三藩の動き

日本の危機を憂い、容堂の処分に憤って同志の団結による運動を展開しようとしたのであって、薩摩の樺山三円、長州の久坂玄瑞と約してそれぞれの藩論を振起し、薩・長・土三藩の協力によって京都朝廷の威権を確立、江戸幕府に圧力をかけようというのがその方策であった。瑞山はこの約束を実現するために江戸を去って九月二十五日帰国し、ただちに同志の獲得をはじめた。大石弥太郎・河野万寿弥（敏鎌）・池内蔵太らは江戸においてすでに協力を約しているし、土佐でもこの盟約に参加するものが相次ぎ、ほとんど二百人に近い同志が盟約書に名をつらねた。

土佐勤王党の主要人物

同志のうちには後日瑞山の両翼となって活躍した平井隈山《わいざん》と間崎滄浪《そうろう》をはじめ、脱藩して大和挙兵に先駆した吉村虎太郎、長崎に海援隊を組織した坂本龍馬、京都に陸援隊を編成した中岡慎太郎らがある。瑞山も坂本も郷士出身であり、吉村も中岡も庄屋あがりである。このように盟約に参加したものは郷士か、庄屋身分のものが多く、でなければほとんどが軽格であった。城下新町に撃剣道場をもつ瑞山の信望にもよるが、農村に浸透した尊王思想がこの結束をうながしたものだったことを考えなければならない。

三　東洋と武市瑞山

上士層と土佐勤王党

土佐勤王党に参加した上士格《じょうしかく》のものは、わずかに宮川助五郎（長春）一人にすぎなかった。発起者が下級武士の武市瑞山であったために、階級や身分にこだわる時代の封建性が上士たちにそっぽをむかせたものと考えられるが、そのうちで平井善之丞・渡辺弥久馬(後斎藤利行)・佐々木三四郎(高行)・谷守部(干城)・小南五郎右衛門(良和)らは瑞山の理解者であり、勤王党の支持者であった。

武市瑞山肖像

瑞山は九月二十五日藩庁に出頭し、時務進言のために大目付に会見をもとめた。その後日を期して東洋は大目付福岡藤次(孝弟)と大崎健蔵(重樹)に瑞山を引見させたが、当時の福岡覚書によれば、「瑞山進言の大意は、将軍家は朝威を軽視し、かえって外国人に親睦するばかりでなく、皇妹和宮《かずのみや》を将軍夫人に迎えようとする奸謀《かんぼう》がある。これによって薩長二藩は和宮降嫁以前に事を起し、これを防止しようとする情勢があるし、長藩有志の間にはすでに決死の色が見えている。かつ薩・長とも、土佐を同志と見て容堂公の起居やその後の小南五郎右衛門の動静についていろいろ質問をうけた、というのである。そこで自分らは、それはいわゆる書生論で容易に信用することはできない。たとえそんな事実があったとしても、そのために当方で動揺して容堂公にこの上の不首尾が生ずるような結果になっては申訳けのないことだ。そなたたちも軽々に発言して人心を煽《せんどう》動することのないように心得よ。ただし役所へ申出ることはどんなことでも遠慮することはない。また他国の風聞など新しく耳にしたならば時々申出るように、と説諭した」と書かれている。瑞山は幕府に対する薩・長の動きを説き、土佐藩の覚悟をうながしたのであるが、これは書生論として顧みられなかったわけである。

東洋と谷干城との論争

東洋と瑞山との会談については、谷守部も熱心にその実現を入説したことが伝えられているが、谷の手記によれば、「余はこの時漸く二十六歳、東洋は四十三四と見受けられ、威儀侵すべからざるものがあった。余は無遠慮に天下の形勢を論じ例の尊王攘夷論を説いたが、東洋は冷然たる態度でいうのに、足下はまだ若い。大いに学問につとめてそのような暴論はみだりに口外してはならぬ。でないと身を誤まるのみならず国家を誤まることにもなろう。自分でも時期が来れば起つ。ただ今日は世界併立の時代であるからまず航海術を勉強せねばならない。自分は蒸気船を四－五艘手に入れてまず南洋諸島を獲得し、これを開拓したいと思うと、しきりに海外発展論をやるのである。そこで余はそんな迂濶《うかつ》なことをやっているうちに日本は外国の領土になるだろう。現に外国の船艦は続々近海に迫っているではないか。今のうちに攘夷の策を講じなければかれの術中に陥るだろうと反論、東洋も怒ったりなだめたりで論戦が果《は》てず、同席の高屋友右衛門の仲裁でついにやめた」と書いている。しかも最後には、「余はただ両度の面会のみなり。然れどもかれが学力と人を御するの才あるとは確かめたり」ともあるので、

瑞山、東洋の施設を非難す

東洋の理論には押されたものと見える。

瑞山がまだ江戸にいたころ、その妻女にあてた手紙に、「さて御国許《おくにもと》文武館もちとよどみ候と申す説御座候趣、なるほどもはや文武館など御建立は間に合い申すまじくや。いかほど立派に御作事出来候とて、上下人心不帰服にては何の御役にも立たぬこと」と述べたものがある。これは谷の時勢観と相通ずるもので、当面の問題は起つか起たぬかで、教育施設などに莫大な経費を投ずる時節ではない、というのがその見解であった。東洋が提案した済農倉の囲米《かこいまい》も大坂に売払われて文武館の造営費にあてられているし、住吉の陣営や江戸品川邸の建築にも少なからぬ造用があった。ある日の会見で、瑞山は東洋に品川邸の建築用材を土佐から江戸まで回漕する計画のあるのを非難し、むしろその用材を大坂で売払って軍備にあてるように進言したことがある。この進言も無視されて、材木は江戸へ送られたが、時勢が変って容堂は京都に出ることになったので、不用になった材木はむなしく土佐へ積みもどされた。瑞山は後日の建言書にこれを指摘して、「大事みなみな品川材木のごとく相成り申すべくや」と藩庁の因循《いんじゅん》を責めたてているのである。

東洋、瑞山の自重を求む

東洋はまた瑞山にむかって、山内家が薩の島津家や長の毛利家とちがって、関ヶ原役以来徳川家の恩顧をうけた家筋であるために、反徳川の態度をとることは容易でない立場、また幕府からにらまれている容堂が、そのために生ずるかも知れない今後の苦境を説いて瑞山の自重をもとめ、かつ西国《さいごく》・九州の実情をたしかめるために視察旅行を勧めた。瑞山は前年すでに視察は遂げたのでいまさらその必要はないと拒絶したが、同志坂本龍馬は剣術修業に名を托して瑞山の密命をふくみ、西国視察の旅に出ているし、山本喜三之進《きさのしん》や大石団蔵も長州におもむき、吉村虎太郎も単身長州に出かけた。しかもそれらの報告はすべて薩・長の動きがますます積極化していること、変動来るの日がせまっていることであった。

使命を賭けた両者の対決

東洋と瑞山とは対決せねばならなかったのである。参政の任をうけて一藩の興廃を依頼せられ、百年の計をはかる東洋の立場と、死生を天に賭《か》けて同志を率い、朝威恢弘《かいこう》の理想にもえる瑞山の立場の相違は、進むか退くか二者その一を選ぶほかはない対決をもとめられたのである。

四　反対派の陰謀

高知城下の風雲

風雲は高知城下にたれこめて、人々の動きはあわただしかった。革新派と保守派との利害感情に加えて尊王か佐幕か、攘夷か開港かの思想が対立するようになって、党同異伐《とうどういばつ》の風をかきたてたからである。「新おこぜ組」とよばれた吉田東洋の政権を中心に、当時どんな人々が党を立て派を結び、離合集散して世論を動かしていたであろうか。ここでそれを概観しよう。

東洋をめぐる改革派

参政吉田東洋を支持して、その革新政策を推進させたのは執政福岡宮内（孝茂）と深尾弘人《ひろめ》（蕃顕）であった。東洋の同役には朝比奈泰平・真辺栄三郎があってこれに協力し、大監察には福岡藤次（孝弟）・市原八郎左衛門（辰慶）・大崎健蔵（重樹）があり、神山左多衛（郡廉）と由比猪内（直枝）は藩主豊範の側用役、後藤良輔（後の象二郎）はその近習目付に在勤し、いわゆる東洋政権を形成していた。朝比奈泰平は東洋と同格の参政であったが、葛目《くずめ》盛徳の手抄《しゅしょう》に、「日々役場にて元吉（東洋）の泰平を叱ること畜生のごとく、会所出勤の面々それを聞き笑止《しょうし》気の毒がらぬものなし」とあるほどで、泰平の後進真辺栄三郎も当然その眼中になかったものと考えられるし、現実的に藩政の実権は東洋の手に握られていた。そして東洋政権を保証したのは江戸に隠居中の前藩主容堂の理解と信任であったことはいうまでもあるまい。

保守派の反対運動

東洋政権に対して、たえず反対の態度をとっていたのはその革新政策をよろこばぬ保守派の勢力であった。元藩主豊資を擁する一門の山内豊栄（追手邸大学）や家老職の山内下総（酒井佐成）・柴田備後（勝守）・桐間《きりま》蔵人（清卓）らの門閥諸家が多く、豊資の側用役村田仁右衛門（孝尊）もその一人で、革新政策の進行にともない反対は排撃陰謀に移行していったのである。格式制度の改革は守旧的な門閥家の不安とするところであり、住吉陣営や文武館の建設は不時の金穀と労力をついやし士民の不満をまねいた。そのような状況下に東洋は帯屋町に邸宅を営み、豪華な性格から生まれる私生活はますます世の非難をたかめたらしい。武藤小藤太（繁門）は『患危憤怨録《かんきふんえんろく》』と題する一篇を書いて東洋を攻撃し、世論は先規古格の改廃、農民救済のための囲米を売却して文武館造営費に流用した始末、時勢を顧みず武備を閑却することをあげて東洋の三大罪悪に数えた。みな、為にするものの宣伝かと考えられるが、造言蜚語の一例として、文久元年（一八六一）十月十九日城下天神橋畔《きょうはん》に掲げられた張紙につぎのようなものがあった。

造言蜚語

恐れながら土国（土佐）の大君へ言上仕り候。昨年以来吉田元吉（東洋）大望を企だて、大坂において御借金と号し莫大の金銀を借受け、役人中はもとより小役人に至るまで学才をもつて取入り、およそ四十余人徒党を組み連判致せしより、邪学者として公辺へ言路を開き、金銀を山の如く賄賂とし、品川御隠居様(容堂)を再び太守になし奉り大老として政事を司どり、随うものへは禄を与え、古来の忠臣を退けんと謀り既に御大事近し。私は及ばずながらもこれを糺《ただ》さんがため元吉へ諂《へつら》い、漸く連判仕り、つぶさにこれ見ただし、去月以来山内下総殿へ訴え奉り候えども何等の御沙汰も御座なく、恐れながら御目通りを願いたてまつりたく候えども、言語ふさがり身体きわまり、此に記し置くものなり。

反東洋派の人々は虚構をまじえてこのような宣伝を試みて世論をつくり、この世論の上に立って東洋排斥をくわだてたのである。雨森源右衛門のごときは直接藩主豊範に謁見を請い、東洋の罪状をあげてその退職を訴えようとしたほどで、前記の張紙は源右衛門のしわざでないかとも見られた。

勤王党、保守派に接近す

保守派の陰謀に加えて、さらに東洋の位置を不安にしたものは勤王党の出現である。一門の山内豊誉《とよたか》(追手邸民部)は容堂の実弟で少壮気鋭、勤王党の趣旨に賛して強く武市瑞山を支持した。したがって瑞山の進言を容れない東洋の存在を好まず、山内豊栄をはじめ家老山内下総・五藤内蔵助（正身）と協力したので、保守派と急進的な勤王党とは東洋排斥の目的のために歩調をともにすることになったのである。

東洋身辺の不安とその覚悟

あるとき陽貴山国清寺の住僧が東洋の身辺を心配して、「御国政改革については、先生をにくむ人あまたありと承る。御用心なくては御身命も危うかるべし」とその進退を戒告した。大監察の大崎健蔵もひそかに往来の警戒を忠告したが、東洋はさらに心にとめる様子もなかった。役場に備えつけた机上の硯蓋《すずりぶた》に、「男児欲《す》レ報《ぜんと》ニ君恩《の》重《きに》一、横《よことうとも》ニ屍《かばねを》沙場《に》一是《ここに》善《よくせん》レ終《を》」と中国の詩人袁牧《えんぼく》の詩句を書いてあったそうで、君恩に報いるためにはどこで死んでも悔いはない覚悟を胸底に彫りつけていたのであろう。参政の任にあるものが護衛の士をつれては藩主の威を汚すものだし、臆病のそしりを受けるのも心外だというのが東洋の意見であった。

五　東洋暗殺せらる

改革の断行

保守派の反対や妨害を排して、東洋の革新政策は強行された。文久二年（一八六二）になって二月十四日に文武館の上棟式があり、三月には文学・武技の芸家世襲制を廃し、諸士の格式・身分制を改め、四月五日には文武館の始業式が行われた。

不吉の兆

このころ東洋の新邸も帯屋町に落成し、一日その披露宴が催うされたが、東洋は祝宴に出た京都の能役者竹内達三郎に「実盛の乱舞」を所望した。達三郎は望まれるままに席をたち、「首掻《か》き切って」と謡いながら舞いおさめたが、「不日《ふじつ》に元吉切害に逢い、実盛の如く首を掻き切られしことにて、其節謡の社中は、祝宴に元吉が実盛を好みしは奇代の前表にてありし」と、葛目盛徳はその手抄《しゆしよう》に書いている。

藩主への最後の進講

藩主豊範は江戸参勤の日が迫ったので、四月八日東洋を城内二の丸にまねき、

東洋暗殺せらる

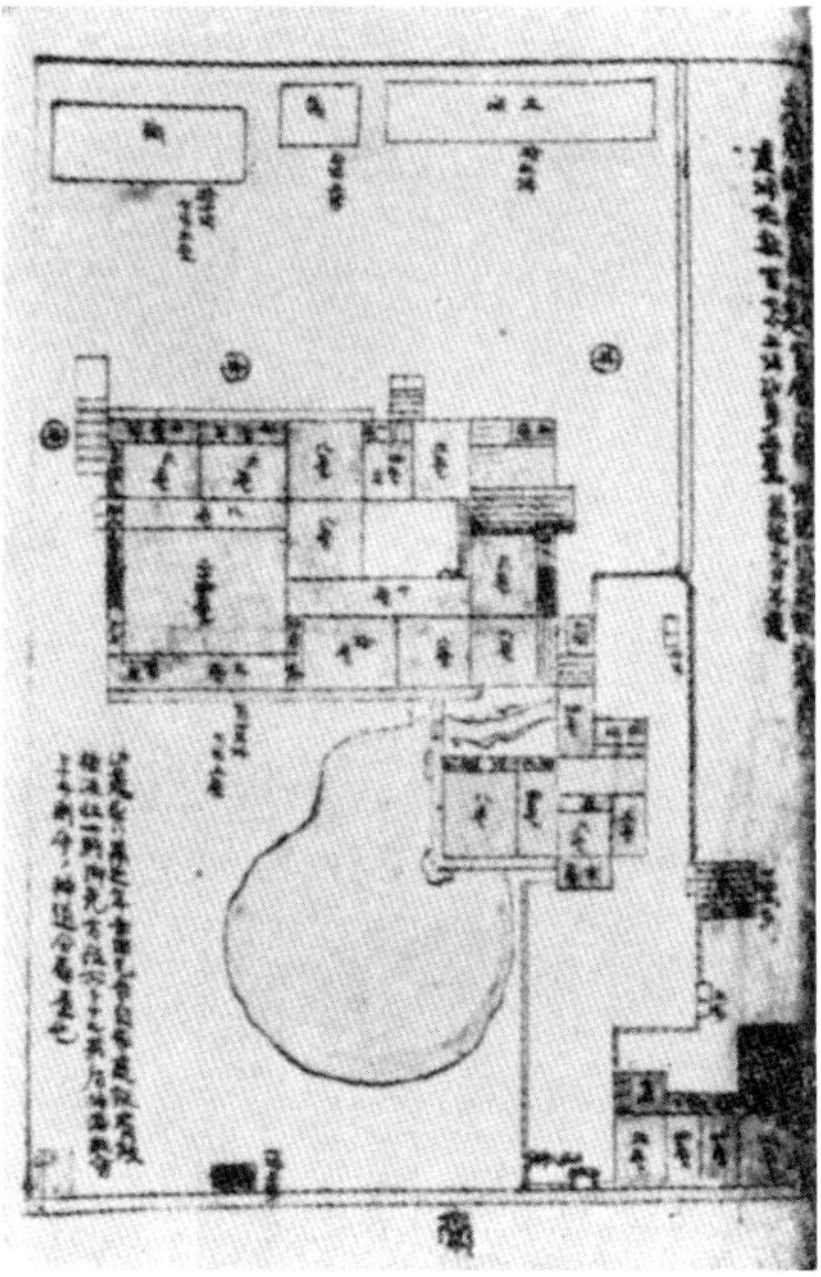

吉田邸見取図

『日本外史』『信長記』本能寺凶変の講義を聴いた。最終の進講日だというので酒肴が出され、亥《い》の刻(午後十時)に散会、東洋は由比猪内・市原八郎左衛門・後藤象二郎・福岡藤次・大崎健蔵らとうちつれて帰途についた。折からの雨の夜道で、他の人々はそれぞれ途中でわかれて東洋は若党と草履《ぞうり》取りだけをしたがえ、自宅付近にさしかかった時、刺客《しかく》のために殺害されたのである。危急をのがれた若党の報告を聞いた留守居の妻女琴は、すぐに隣家に住む末松務左衛門に告げた。務左衛門はすぐに現場に駆けつけ、偶然通りあわせた平瀬保之進と相談して首のない東洋の遺体をその家に収容した。翌朝になって検視役人長瀬八馬の来邸を求めたが、肩に長さ五寸、深さ二寸を切りこまれ、右脇に四寸ばかりのかすり傷があることが確認された。

雁切橋畔の立札

失われた首は、城西の町はずれ雁切橋畔《がんきりきょうはん》にさらされ、その側につぎのような殺害の趣意書が掲げられていたのである。

此元吉事、重役にありながら心儘なることを取り行ない、天下不安の時節を顧みず一日も安気に暮らしたき所存を以て、御国次第に御窮迫の御勝手に相成り候をも悟らず、表は御余金これあり候様都合宜く飾り、すでに先年より御囲い相成り候籾米追々存分にすりつくし、御国内御宝山等残らず切剝《は》ぎ、何によらず下賤の者よりは金銭おびただしく取上げ候。御国民上《かみ》を親しみ候心を相隔てさせ、独り自分には賄賂を取り無数のおごりを極め、なお江戸表軽薄の小役人へ申付け御名をたばかり、結構なる銀の銚子を相調え、かつ自分の作業平常の衣食いよいよ花美を極め候事、そのままにおき候わば士民の心いよいよ相はなれ、御用に立ち候者一人もこれなきよう相成り、終《つい》に御国滅亡の端にも相成候に付、不肖の我輩ども、余儀なく上は国を患らい下は万民の難苦を救わんため己れの罪を忘れ、かくの如く取行い、又さらしおくもの也。

東洋横死のことはたちまち城下内外に伝わって人々を驚かせた。趣意書の内容は東洋の私行を攻撃して主義や政策を避けているが、心ある人々は勤王党のしわざとにらんだ。すでに党員のうちに脱藩したものがあることも判明したし、福岡孝弟の後日の手記には刺客の一人が、「元吉殿国のために参る」と呼びかけたことを記している。多分若党から聞きただしたものであろうか。

刺客は勤王党の壮士

当夜の刺客は、武市瑞山の指示をうけた那須信吾・安岡嘉助・大石団蔵の三人だった。薩・長起《た》つの情報は勤王党の壮士をいらだたせて、すでに吉村虎太郎・坂本龍馬・宮地宜蔵らは脱藩し、そのうえ藩主の江戸参勤の日もせまっている。このさい事を決せねば万事休すと考えたので、那須信吾が後日父に寄せた手紙には、「何分此頃の形勢、其上大奸物、かたがた以て元吉を退役致させ申さずては、勤王のこと行われ申すまじく、止むを得ざれば刺し除くべきなれども、なるたけは平穏に退役致させ候えば静ひつに事足り候とて、大学様(山内豊栄)・雅《う》楽助《たのすけ》様(山内豊積)・民部様(山内豊誉)そのほか家老中しきりと世話遊ばされ候えども御力に及び申さず、遂に四月朔日より刺すに極《き》まり」とあるのがその真相であった。また当夜の状況については同志への手紙に詳説したものがある。

さてかの巨魁《きょかい》、四月朔日よりいよいよ刺し候に決定、其後毎夜隠兵を以て探索仕り、ようやく八日夜機会を得、なおまた同志ともよくよく盟をなし、そのうち首級受取り梟首《きょうしゅ》致し候者、及び私共の手道具を持ち候者共十人ばかり、思案橋観音堂の前川原に廻しおき、もはや夜半前登城の帰りを私共七－八人待受け、まず件《くだん》(東洋)の右側より後にふんごみ首を見こみ、左の肩よりただ一打ちと思い刀を下し候ところ、傘に障り又は手凝《てご》り候か浅手に立ち、件《くだん》直ちに見返り抜合わせ六－七遍切りあい候ところを、外方より段々手を下し否や切伏せ、直ちに私寄り、俯《あお》むけにたおれ候を刀にて首を打ち候ところ、首筋よりあごに掛りて余程切れがたく、しばしば拝み打ちに仕り候うち、余は観音堂に引取り候。ようやく首をあげ血刀・首級とも側の小溝にて洗い、用意の古下帯に包みさげ、南奉公人町通りかの地にかけつけ其手の者に首を渡し候ところ、さきに廻り居り候者ども余程周章の体にて候。それより荷物・手槍など受取り、ゆるゆる旅仕度相調え、安岡嘉助・大石団蔵都合三人途に臨み、伊野に到り渡しを呼び、釈迦参りの帰りがけと謀計をめぐらし渡り、加茂にて東雲《しののめ》に相成る。(下略)

刺客三人はこのようにして森・高瀬・別枝の諸村をすぎて徳道の関所を忍び抜け、伊予路から長州へ逃れたのである。新政に不平をいだく人々の間には東洋の死に同情するものがなく、むしろ快哉《かいさい》をさけぶものもあった。落首《らくしゅ》や戯文《げぶみ》にそれが示されているが、そのうちには「料理した血を見に行くや初鰹」の句もみられ、ないないづくしのうちには、「作事の結構とほうがない、これでも職人銭くれない」と東洋の家宅新築をにくんだもの、また「八日の登城下りがない。奥

落首戯文に表われた世評

様・息子は気が気でない。家来はもどって色がない。どうやら途中でお首がない」とその死を冷笑したもの、さらに「これから世直り間違いない。ないないの工《たく》みもも
れて首がない。御気味のよしだ(吉田)といわぬものない」とむすび、以後の政策に期待をよせたものもあった。

家名断絶と遺子

武士が不覚の最期をとげた場合、その家名を断絶するのは藩法であった。東洋の遺族もその藩法にしたがって格式・知行とも没収され、十一歳の一子源太郎はその母とともに縁戚百々《どど》幸弥家に引きとられその養育をうけることになった。生長後正春と改称、英学を修めて明治政府に用いられ、経済使節としてトルコ・ペルシャに派遣されたこともあり、また外務省書記官として伊藤博文にしたがいヨーロッパに外遊したこともある。辞官後、後藤象二郎の大同団結に参画し、その機関誌に活躍した。

六　佐幕か、討幕か

東洋の死と革新派の退潮

東洋横死後、革新派陣営の動揺はまぬがれることができなかった。その虚に乗して保守派・勤王党の積極的な工作が試みられ、四月十一日に執政福岡宮内・深尾弘人以下、参政朝比奈泰平・真辺栄三郎、大監察福岡藤次・大崎健蔵・市原八郎左衛門らは一斉に免職、藩主豊範の側用役神山左多衛、近習目付後藤象二郎もその例外ではなかった。これに代って柴田備後・山内下総・桐間蔵人・五藤内蔵助が執政として登場、小八木五兵衛と寺田左右馬が参政に、柏原内蔵馬・青木忠蔵・平井善之丞・小南五郎右衛門が大監察に任命された。豊範の側用役は五藤忠次郎、近習目付は高屋友右衛門となり、そのほか革新派の人々はつぎつぎにその位置を追われてその陣営はまったく崩れ去ったのである。

新政権の性格

新政権は保守派と勤王派との連立ともみられたが、勤王党を支持するものは僅かに平井と小南ばかりで、その実権は保守派に握られていた。不慮の事変のために延期されていた豊範の江戸参勤は、六月二十八日になってようやく高知を発駕、七月十三日に大坂に着いて約一ヵ月を同地で空費した。麻疹《ましん》の流行になやまされたのもその理由だったが、その間に勤王党は必死の工作を進め、ついに八月二十五日豊範の行列は伏見から京都に上り、薩・長についで皇居守衛・国事周旋の内勅をうけたのである。宿望をはたした勤王党の意気は大いにあがり、血気の壮士は「天誅」と称して反対派の人々を斬殺《ざんさつ》し、脅迫した。殺害された人々のうちには、かつて東洋の恩顧をうけその刺客を内偵していた井上佐市郎や広田章吉もあったし、岩崎弥太郎は病気のために大坂から土佐へ引返したが、内実は病気にかこつけて身辺の危機を脱したものだとも観測されている。このような血に飢えた勤王党壮士のテロリズムが、やがて党獄《とうごく》の苦境にみちびくものであることを彼らみずからは知らなかった。

山内豊範京都に入る

薩長土三藩と幕政改革

薩・長・土三藩の兵威を擁し京都朝廷の威信は大いにあがった。五月には勅使大原重徳《しげのり》が江戸に下向して幕府に政治改革を指示し、十二月には正勅使三条実美《さねとみ》、副使姉小路公知《あねがこうじきんとも》の江戸下向があって攘夷の督促、親兵の設置の二案を伝えた。幕府はその要請を拒むことができず、政治総裁に一橋慶喜、後見職に松平春嶽(永慶)を任用し、将軍自ら山内容堂にも意見をもとめて幕政を改めた。大名の参勤交代制をゆるやかにし、その妻子の在国を許したことなどは最も注目されるし、京都守護職を新置して会津藩主松平容保《かたもり》をこれに任命したこともそのひとつであった。

尊攘論と公武合体論

しかし、現実の問題として国政の重責を負う幕府当局が、朝廷の指示する攘夷を実行できるであろうか。この問題を処理することが公武合体派の政治家たちに課せられた当面の仕事であった。しかも朝廷に巣くう尊王攘夷派はあくまで幕府にその実行をせまり、これを拒否すれば違勅の罪を鳴らして討幕の兵を動かす気配さえ見えた。長州藩がこの方針をもって態度を強化し、土佐・肥後・水戸・因州

八月十八日のクーデター、尊攘派の陣営崩潰

諸藩の有志がこれに同調して文久三年（一八六三）八月には大和（奈良県）行幸・攘夷祈願の計画がたてられ、大和五条や但馬《たじま》（兵庫県）生野《いくの》の挙兵があった。この計画を未然に防いだのが八月十八日公武合体派の諸藩によって決行されたクーデターで、尊王攘夷派の計画は一挙に崩れさったのである。

山内容堂土佐勤王党を断圧す

山内容堂は一橋慶喜・松平春嶽・松平容保らとともに公武合体派の有力な支柱であった。そのために武市瑞山の土佐勤王党が長州に同調して急激な方向に進むことをたえず警戒し、制御して来たのであるが、八月の政変を機会に瑞山らを獄に投じ、前後三年にわたる党獄を起した。審問の内容は吉田東洋の暗殺をはじめ京坂地方で行われたかずかずの違法行為で、その結果瑞山は切腹を命ぜられたし、数人の同志は斬首または永牢《えいろう》の処分をうけた。この審問を担当したのは後藤象二郎や野中太内などみな東洋恩顧の人々だったのである。これは革新派の勤王党に対する巻きかえしだったともいえるだろう。

公武合体派のクーデターの成功によって、江戸幕府の頽勢はやや盛りかえしたように見えた。元治元年（一八六四）七月長州藩諸隊の反攻も撃破し、その勢いに乗じて長州征伐が行われ、毛利氏もその重臣を処分して恭順の態度をとった。すべてが幕府のために有利に解決するかと思われたが、この形勢をふたたび逆転させたのが高杉晋作の指導する奇兵隊はじめ長州諸隊の抵抗であった。

長州藩の反撃

前年馬関において外国船を砲撃し、攘夷を実行した長州藩はイギリス・アメリカ・フランスおよびオランダ連合艦隊の報復攻撃に惨敗して以来、攘夷の声をひそめて反幕府の方向にその目標を結集した。これが、あるいは長州藩本来の願望であったかも知れない。長州藩諸隊の不服従運動に対して、幕府は慶応元年（一八六五）三月再征令を布告したが、これは期待にそむいて幕府のために不利な方向に展開していった。

薩長和解と坂本龍馬

薩摩藩がこれまでの行きがかりを捨てて長州藩と和解し、両藩同盟の密約が結ばれたことで、その周旋に当ったのが土佐脱藩の浪士坂本龍馬や中岡慎太郎であった。

長・防(長門周防)の四境にせまった幕府の征討軍はことごとく長州諸隊の反撃をうけて敗退を余儀なくせられ、そればかりでなく、慶応二年(一八六六)七月には将軍家茂が大坂に病死、九月には休戦のやむなき状態におちたのである。形勢はまったく逆転して、薩・長同盟による討幕運動がきわめて計画的に進展した。

薩長連合勢力の目ざすもの

西南雄藩を誇る薩・長両藩の連合勢力は、すでにその統制力をうしなった江戸幕府にとっておそるべき威圧であった。中道的な公武合体主義はすでに過去のものとなり、とるべき道は討幕か、佐幕かの二つに一つしか残されていなかった。この新らしい状勢下に土佐藩はいかなる態度をとったであろうか。

七　死後に生きるもの

東洋の余党政権を復す

吉田東洋の死によって政権外に逐われたその余党は、勤王党の閉息によって再び藩政の要路に座をしめた。文久三年(一八六三)八月福岡宮内と深尾弘人は執政に復活し、市原八郎左衛門は同年十月参政にあげられた。福岡藤次は同年十二月大監察に復活し、航海見習生として江戸に遊び蘭学や英学を修めていた後藤象二郎は元治元年(一八六四)四月帰国、七月には大監察に任命された。大監察陣は勤王党決獄のために、特に旧吉田派の人々が起用されたが、後藤も福岡も東洋ほどの威信はなく、藩政府はかつての保守派によって維持されていたのである。

山内容堂と東洋の遺策

容堂は公武合体の理想のもとに数回にわたって京都の会合に出席したが、幕府の責任回避や薩藩の強硬な態度などのために円満な妥協が得られず、やむなく静観主義をとった。他日を期しておもむろに富国強兵の策を試みようとしたので、開成館の設立とその経営に全力をかたむけた。これは東洋生前の夢を実現しようとしたもので、慶応元年(一八六五)閏《うるう》五月後藤象二郎を参政に挙げ、八月には軍艦奉行、十月には開成館奉行を兼任させたのもその実現過程を物語るものであろう。

開成館の創立と後藤象二郎

開成館の開業は翌二年(一八六六)二月五日のことだが、そのころ容堂が家臣たちに示した諭告書の後半につぎのような辞句がある。

当時勢に至り尚も尋常越方《こしかた》の仕例に拘泥《こうでい》致し居り候ては、何の時か有為の業を施さんや。胸を開き思を豁《かつ》に致し候様衆に対し懇願に候。既にわが南海捕鯨最大の利ありといえども未だその術を尽さず、此度その術を拡げんため洋中へ出船致させ、南海諸島へも相通い島民を雇い、其術をほどこさせ候。自然外境開拓の道にも及ぶべく、かくの如きの類一時承り候ては耳を掩《おお》うて聴くべからざるに似たりといえども、およそ事の成否はあらかじめ期しがたし。然《さ》りとて為さざる時は徒爾《とじ》にしてやみなん。敢えてやむべきにあらざるべし。見る者・聞く者、固陋習俗《ころうしゅうぞく》の論を起すなかれ。右等わが一家の富強を謀るにあらず。すなわち皇国を保護するの道なり。

南海への進出、無人島の開拓はかつて東洋が容堂へ進言した航海遠略策と相通ずるものであり、谷守部（干城）に説得した海外発展の持論でもあった。すなわち、容堂は後藤象二郎をして東洋の夢を実現させようとしたのだとみることができよう。開成館は軍艦局・貨殖局・勧業局・捕鯨局・鋳造局・医局・訳局（翻訳局）などの

土佐商会と岩崎弥太郎

諸局にわかれ、もっぱら西洋の学問・技術の指導・応用が行われた。ことに貨殖局は長崎または大坂にその出張所を設けて土佐商会と称し、外国貿易を担当したもので、その舞台で活躍したのが岩崎弥太郎である。岩崎がかつて東洋の抜擢と恩顧をうけ、土佐商会を出発点として三菱商社を設立し、明治の財界に雄飛したことを想えば、東洋の夢は決して夢でなかったことが諒解されるだろう。

板垣退助と討幕運動

薩・長連合勢力による討幕の機運は、慶応三年(一八六七)になってますます積極化して来た。江戸で騎兵学を修行していた乾(のち板垣に改む)退助は、京都に出て土佐脱藩の浪士中岡慎太郎の紹介で西郷隆盛らと会見してひそかに薩・土討幕の密約をむすんだばかりでなく、容堂にもその決意を要請した。これには在国の小笠原唯八(のち牧野群馬と改む)も賛成し、勤王党のもと同志たちも身分と階級とを超えて参加することになって、土佐にも討幕派の勢力がたくましく成長した。しかも乾は同年七月参政の要職にあげられ、十月には大隊司令を兼ね、もっぱらその同志をもとめて兵制

後藤象二郎の政権奉還論

を改め組織を強化することにつとめたのである。このような状勢下にあって後藤象二郎は坂本龍馬と相識り、将軍に対する政権奉還建白案を考えて容堂に進言し、その諒解を得た。征長の戦役に失敗してすでに統制力を失なった江戸幕府が、薩・長の攻勢をはたして防ぎきることができるであろうか。しいてその政権を維持しようとすれば日本全土の混乱はまぬがれず、混乱の不幸を避ける唯一の方法は将軍の政権辞退以外にはない、というのが容堂の意見となって、その建白が将軍徳川慶喜に提出されたのである。

大政奉還は土佐の藩論

大政奉還論は、公武合体説から脱皮した容堂によって代表される土佐の藩論であった。これによって日本を内戦の惨禍《さんか》からすくい、同時に徳川氏にその名分《めいぶん》を保持せしめることができると考えたからである。その具体的な案は後藤象二郎・福岡藤次・神山左多衛（郡廉）および寺村左膳（道成）の四重臣連名の副書であった。その項目を左に掲げよう。

革新的な藩論綱要

一、天下の大政を議定《ぎじよう》する全権は朝に在り。すなわち我が皇国の政度・法則は一切万機京師の議政府より出ずべし。

一、議政所は上下を分けて、議事者は上《かみ》公卿より下《しも》陪臣《ばいしん》・庶民に至るまで、公明純良の士を選挙すべし。

一、庠序《しょうじょ》学校(郷学)を都会の地に設け、長幼の序を分かち、学芸・技術を教導せざるべからず。

一、一切外蕃(外国)と規約は兵庫港において、新たに朝廷の大臣と諸蕃と相議し、道理明確の新条約を結び、誠実に商法を行い、信義を外蕃に失なわざるを以って主要とすべし。

一、海・陸軍備は一大至要とす。軍局を京・摂の間に築造し、朝廷守護の親兵とし、世界に比類なき兵隊と為さん事を要す。

一、中古以来政刑武門に出ず。洋艦来港以後天下紛紜《ふんうん》、国家多難、是《ここ》において政権やや動く。これ自然の勢なり。今日に至って古来の旧弊を改新し、枝葉《しよう》に馳せず小条理に止まらず、大根基を建つるを以って主とす。

一、朝廷の制度・法則は昔よりの律令ありといえども、方今の時勢に参合し、間々《まま》あるいは当然ならざるものあらん。宜しくその弊風を除き、一新改革して地球上に独立するの国本を建つべし。

一、議事の士太夫は私心を去り、公平に基づき、術策を設けず、正直を旨として既往《きおう》の是非曲直を問わず、一新更始《こうし》、今後の事を視るを要す。言論多く実効少なきの通弊を踏むべからず。

以上八項目はそれぞれ時勢に心を用いたもので、幕府にかわる新政府の方向と理想とをのべたものであった。特にその第一項と第二項とは議会制度の採用を説き、以下政治の公明を期待したものであった。

王政復古と維新政府の理想

革新的なこの意見は徳川慶喜の決意をうながし、政権移転は平和のうちに行われたし、明治元年（一八六八）三月、天皇による五箇条の誓文にも、維新政府の理想としてこの意見は盛られたが、理想はかならずしもそのまま現実ではあり得なかった。新興勢力を代表する薩・長二藩の徳川氏を支柱とする旧勢力への圧力は戊辰

藩閥政権と自由民権運動

の戦乱をまねき、版籍奉還につぐ廃藩置県によって封建制は崩れ去ったが、なお、藩閥政権は明治政界を左右した。明治の自由民権運動は、藩閥政府打倒を目標とし、議会政治確立を願望する全国的な運動であったが、つねにその指導的役割をもったのは後藤象二郎・板垣退助を陣頭に立てた土佐派であった。

吉田東洋と明治の土佐人

後藤にせよ、板垣にせよ、また明治財界の怪物岩崎弥太郎にせよ、いずれもその若き日は吉田東洋に訓育され、又は鑑識をうけたものであったことを想起しよう。東洋はかれらの将来を期待しながら、時代の風雲にまかれて横死《おうし》した。

山内容堂、東洋を追懐す

山内容堂は明治四年・(一八七一)箱根に優遊し、閑日《かんじつ》東洋を追懐して左の詩を詠じている。

海南拳大《けんだい》の地
何すれぞ斯《こ》の人を生じたる
巨浪天日を掀《かか》げて
敢えて旧津に没せず

その頃、維新の政局は混沌《こんとん》としてしばしば危機を告げた。司法大輔《だゆう》佐々木高行(旧藩士佐々木三四郎)が容堂に伺候して、「公の旧知のうち今日の政局に堪うる人物はどなたにて候や」と試問したことがある。容堂はしばらく頭をかたむけ、「島津斉彬か、藤田東湖か」と答えた。佐々木が折返して「吉田東洋はいかに」というと、容堂はうなずきながら、「とても当節無事に生きる男にてはなし」と答えたそうである。東洋の非凡さと、その革新主義の鋭さと激しさが、知己容堂の評語のうちに汲みとられるだろう。

吉田家略系図

遠祖は藤原秀郷、首藤山内氏より分れて吉田氏を称し、子孫土佐に移る。

- 吉田備前守則弘
  - 備中守周孝
  - 備後守重俊 ― 伊賀介重康 ― 孫助俊政
    - 市左衛門政重 土佐国安芸郡安田に浪居、寛永五、九、四死
    - 市右衛門正義 慶長初年山内家出仕、寛永三、一二、二三死
      - 宇右衛門正次
      - 五郎助正幸 正保一、一二、一三分家 ― 正俊 ― 正治
        - 市左衛門正幸 ― 光四郎正清
          - 勝久
          - 泰之助
          - 正経
          - **元吉正秋**(東洋) ― **源太郎正春**

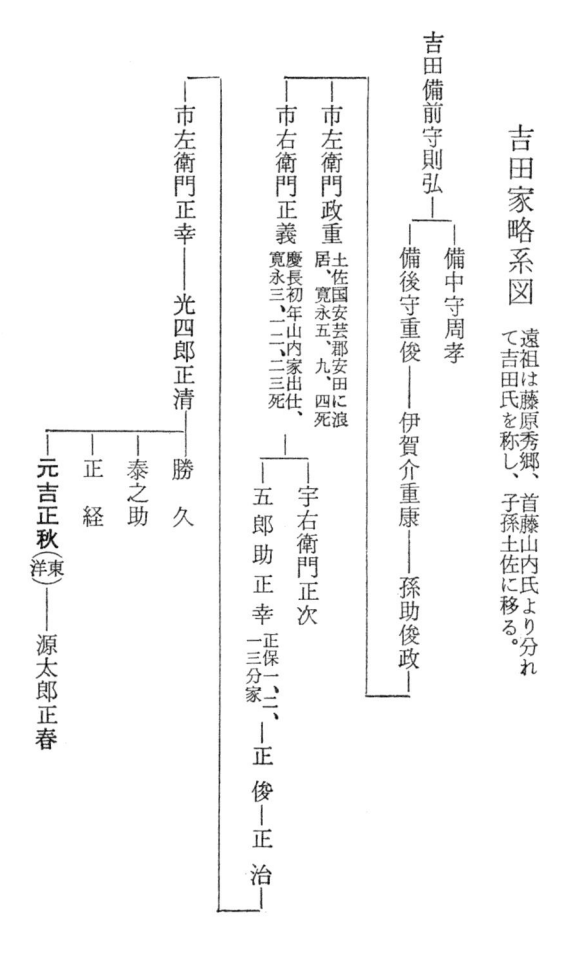

略年譜

年次	西暦	年齢	略歴	参考事項
文化一三	一八一六	一	高知城下帯屋町に吉田光四郎正清の四男として誕生。幼名は郁助、のち官兵衛、また元吉と改む。実名は正秋、東洋と号す	仁孝天皇・第一一代将軍家斉の治世、土佐藩主は第一二代山内豊資○一〇月、英国軍艦琉球に来り互市を請うも、幕府未だ太平の夢覚めず
文政　六	一八二三	八	藩主豊資に謁見、三兄みな早世するを以て正清の嗣子と認めらる	七月ドイツ医家シーボルト長崎和蘭館医として着任
天保　一	一八三〇	一五	寺田忠次に一刀流剣法を学ぶ。文学の師は中村西里	七月京畿地方地震○仏国パリに七月革命おこる○ベルギー独立
同　四	一八三三	一八	藩士後藤左近右衛門正澄の三女琴を娶る（後藤象二郎は琴の兄助右衛門の子）	一月オランダ人、海外事情を幕府に通告す○四月、蘭医杉田玄白歿す○一二月、幕府約令を発す
同　八	一八三七	二二	家僕を殺害、籠居して読書に専念す	二月、大塩平八郎の乱○六月、米船モリソン号浦賀に入港
同　一二	一八四一	二六	父光四郎正清歿す。家督相続、知行二百石、	五月、水野忠邦天保改革を令す○土佐藩政

			馬廻に列す	改革始まる
天保一三	一八四二	二七	九月一三日、東洋船奉行に登用せらる○七月、吾川郡名野川郷民逃散	六月、幕府、高島秋帆に西洋砲術の教授を許す○異国船打払令緩和
同　一四	一八四三	二八	一一月一四日、船奉行より郡奉行に転補さる○同月二三日、おこぜ組の獄起る	三月山内豊資隠居し、豊凞一三代藩主となる○閏九月、幕府老中水野忠邦職を退けらる
弘化　一	一八四四	二九	一〇月、同役久徳安左衛門・青木忠蔵とはかりて済農倉建設案を提出す。藩主豊凞これを嘉納す	五月、水戸斉昭、幕府より謹慎を命ぜらる○七月和蘭使節コープス、幕府に開国を勧誘す
同　二	一八四五	三〇	七月一二日、病気のため郡奉行を辞す○八月二三日、人材抜擢・法令改制・行政整理・備荒貯蓄・海防施設等時事五箇条の意見書提出	一月、幕府、浦賀に砲台を築く○七月、英国船長崎に来たり互市を求む○九月、幕府、前老中水野忠邦を罰す○一一月、京都に学習院設立
同　四	一八四七	三二	三月二三日より二五日まで謹慎を命ぜらる○一二月二八日、船奉行に再任	二月、幕府、関東沿海の警備を厳にす○土佐藩異国船防禦の配備を定む
嘉永　一	一八四八	三三	三月、藩主の江戸参勤を送る。『南海山陽雑記』成稿○八月、藩主豊凞の霊柩を大坂に迎う。『浪華行雑誌』成稿○一二月二七	七月一〇日、藩主豊凞江戸に歿す○一二月二八日、是れより先豊惇歿し山内豊信（容堂）襲封○幕府、品川に砲台を築く

嘉永 二	一八四九	三四	日、船奉行を辞す 城下帯屋町私邸に閑居して静遠居と号し、読書・講学す。同学の士集まる。世人これを「新おこぜ組」と称す	閏四月、英艦マリナー号浦賀に来港す〇一二月、水戸藩『大日本史』紀伝の刻本成る〇幕府、諸藩に海防を督励す
同 四	一八五一	三六	二月二五日、高知を去って京坂に遊び伊勢に斎藤拙堂を訪う。『有馬入浴日記』成る	一〇月、鹿児島藩、常平倉を設く〇一一月一一日、天保おこぜ組巨頭馬淵嘉平獄中に病死す〇一二月、英艦琉球に来たる
同 五	一八五二	三七	夏、藩主山内容堂の命をうけて北条泰時論を作る、この頃史論の編述多し〇七月一一日、漂民中浜万次郎帰国〇八月、筑後柳河藩剣士大石進来藩す〇長子源太郎誕生	六月、ロシア船紀州日高の漂民を送りて下田に来たる〇八月、蘭人クルチゥス、明年米艦の来航を幕府に予報し鎖港の不可を説く〇九月二二日(新暦一一月三日)、明治天皇誕生
同 六	一八五三	三八	七月二七日、大目付に起用せられ、命をうけてペリーの要請による外交対策意見書を起草す〇一二月二〇日、仕置役（参政）に昇任	六月三日、アメリカ東印度艦隊司令長官ペリー浦賀に来たり、開港を強要す〇七月一八日、ロシア使節プウチャーチン長崎に来港す〇九月、大船建造解禁
安政 一	一八五四	三九	三月二二日、江戸出府、藤田東湖・塩谷宕陰らの知遇をうく〇六月一一日、不敬の罪	一月、ペリー再び浦賀に来たる〇三月、対米和親条約締結〇七月、日の丸を日本国総

			によって免職帰国を命ぜらる〇八月一二日格・禄没収、城下四カ村禁足を命ぜられ郊外朝倉に蟄居す〇一〇月五日、長浜梶ケ海に転居〇一一月五日大地震、災害を免かる	船印と定む〇イギリスと和親条約を結ぶ〇九月、土佐藩海防要員として民兵を募る〇オランダに下田・箱館を開港〇一一月、豆相大地震、露艦ディアナ号破損す〇一二月、日露和親条約締結
安政　二	一八五五	四〇	四月、長浜鶴田に新居を営み静遠居の斎号を踏襲す。また少林塾を起こし読書・講学、子弟の教育につとむ	七月、長崎海軍伝習所開始せらる〇一〇月二日、江戸大地震、藤田東湖災死す、（年五〇）。〇一二月、日蘭条約調印
同　四	一八五七	四二	一二月二一日、東洋赦免、同時に参政復活発令せらる（翌年一月一七日に就任）	五月、日米下田条約調印〇七月、土佐藩海防部署を定む〇一二月、英仏連合軍清国広東を占領す
同　五	一八五八	四三	二月三〇日、施政の大綱を進言す〇一〇月一九日江戸出府、容堂の隠退問題について奔走す〇一一月二五日、江戸発一二月六日帰国	六月、井伊大老勅許を待たず日米条約に調印す〇七月四日、将軍家定歿す〇九月戊午の獄起る〇一〇月二五日、家茂将軍宣下
同　六	一八五九	四四	二月二六日、山内容堂隠退、豊範土佐藩主となる。東洋参政としてこれを補翼す〇二月、種崎船匠に洋帆船製法修行を命ず〇三	二月、青蓮院宮・一条忠香謹慎〇四月、鷹司政通父子・近衛忠煕・三条実万等謹慎〇六月、幕府外国より武器の購入を許す〇八

			月二日、小南五郎右衛門等を処罰す〇一〇月一一日、容堂謹慎を命ぜらる〇一一月、岩崎弥太郎長崎出張	月、水戸烈公・徳川慶喜ら処罰、安島帯刀死罪〇一〇月、橋本左内・頼三樹三郎・吉田松陰ら刑死
万延 一	一八六〇	四五	一月一八日、山田馬次郎を幕府遣米使節の随員とし海外に派遣す〇六月、藩用の蔵紙制度を廃し、またかがり米徴収の弊を除いて、農民救済をはかる〇九月、摂津住吉に警衛用地を給せらる〇一二月二五日、高知発足江戸に向う	一月、条約批准交換のため幕使新見正興らアメリカに渡る〇三月三日、水戸・薩摩浪士大老井伊直弼を桜田門外に殺す〇九月、幕府、松平春嶽・山内容堂らの謹慎を解く〇一一月、将軍家茂、皇妹和宮を迎うることを公布す
文久 一	一八六一	四六	一月一九日、江戸着府、藩政改革案について容堂の承認を求む〇五月、住吉の土佐藩陣営落成〇九月、海南政典脱稿す〇一一月二三日、武市瑞山、大監察府に出頭して時務を進言す。勤王党、保守派と協力し東洋苦境に立つ	二月ロシア軍艦対馬占拠を企つ〇五月、長州軍士永井雅楽、航海遠略の議を朝廷に上る〇水戸浪士、高輪東禅寺にイギリス公使を襲う〇六月、幕府、庶民の大船製造と外国船購入を許す〇一〇月二〇日、和宮東下
同 二	一八六二	四七	二月一四日、文武館上棟式（此頃、東洋帯屋町の新邸成る）〇三月二三日、芸家を廃す〇同二七日、諸士の階級制度を改む〇四	一月一五日、坂下門に老中安藤信正襲撃せらる〇二月一一日、将軍家茂・和宮婚儀〇四月、薩摩藩島津久光、長州藩毛利定広上

			月五日、文武館開校（後致道館と改称）○四月八日、東洋暗殺せらる。家名断絶（八月、山内豊範上京）	京、伏見寺田屋の変起る○五月、勅使大原重徳東下○六月、幕政改革始まる○一一月、勅使三条実美東下

〔備　考〕　この年譜を、もし大正十五年一二月二五日に発行された福島成行氏の『吉田東洋』所載年譜に対比されたら、その内容に相当重要な相違のあることに不審をおこされるかも知れない。しかし当時はまだ傍証史料がそろわず、検討が十分につくされなかったための過失だったと想像される。これはその後元侯爵山内家編修所の所蔵文書や文献によって修正したものであることを付記しておきたい。

主要参考文献

吉田東洋遺稿　大塚武松編　昭和二年八月日本史籍協会発行

吉田東洋　福島成行著　大正十五年十二月著者発行

伯爵後藤象二郎　大町桂月著　大正三年十一月、富山房発行

容堂公記伝　平尾道雄著　昭和十八年十一月、峯文荘発行

概観維新史　維新史料編纂事務局　昭和十六年八月同上事務局発行

手抄全二七巻〔未刊〕　葛目盛徳編　山内家々史編修所旧蔵

土佐史談　雑誌　土佐史談会発行

皆山集全一一六巻　松尾章行編　高知県立図書館蔵

山内家史料　高知山内家蔵

著者略歴

明治三十三年生れ
大正十二年日本大学宗教科中退
沼田頼輔博士の史学指導を受け、元侯爵山内家家史編修所に勤務、高知新聞社嘱託、高知大学講師、高知女子大学講師、高知県文化財保護委員等を歴任
昭和五十四年没

主要著書
新撰組史　海援隊始末記　子爵谷干城伝　維新暗殺秘録　土佐農民一揆史考　維新経済史研究　自由民権の系譜　龍馬のすべて　山内容堂

人物叢書　新装版

吉田東洋

昭和三十四年 六 月 十五 日　第一版第一刷発行
平成　元　年 四 月　一　日　新装版第一刷発行

著　者　平尾《ひらお》道雄《みちお》
編集者　日本歴史学会
代表者　児玉幸多
発行者　吉川圭三

発行所　株式会社　吉川弘文館
東京都文京区本郷七丁目二番八号
郵便番号一一三
電話〇三―八一三―九一五一〈代表〉
振替口座東京〇―二四四
印刷＝平文社　製本＝ナショナル製本

『人物叢書』(新装版)刊行のことば

人物叢書は、個人が埋没された歴史書が盛行した時代に、「歴史を動かすものは人間である。個人の伝記が明らかにされないで、歴史の叙述は完全であり得ない」という信念のもとに、専門学者に執筆を依頼し、日本歴史学会が編集し、吉川弘文館が刊行した一大伝記集である。

幸いに読書界の支持を得て、百冊刊行の折には菊池寛賞を授けられる栄誉に浴した。しかし発行以来すでに四半世紀を経過し、長期品切れ本が増加し、読書界の要望にそい得ない状態にもなったので、この際既刊本の体裁を一新して再編成し、定期的に配本できるような方策をとることにした。既刊本は一八四冊であるが、まだ未刊である重要人物の伝記についても鋭意刊行を進める方針であり、その体裁も新形式をとることとした。

こうして刊行当初の精神に思いを致し、人物叢書を蘇らせようとするのが、今回の企図である。大方のご支援を得ることができれば幸せである。

昭和六十年五月

日本歴史学会

代表者 坂本太郎

〈オンデマンド版〉
吉田東洋

人物叢書　新装版

2020年（令和2）11月1日　発行

著　者　平《ひら》尾《お》道《みち》雄《お》
編集者　日本歴史学会
代表者　藤田　覚
発行者　吉川道郎
発行所　株式会社　吉川弘文館
〒113-0033　東京都文京区本郷7丁目2番8号
TEL　03-3813-9151〈代表〉
URL　http://www.yoshikawa-k.co.jp/
印刷・製本　大日本印刷株式会社

平尾　道雄（1900～1979）

ISBN978-4-642-75152-0